맛있는 스쿨 단과 강좌 할인 쿠폰

인강 할인 이벤트

할인 코드: **jrchina03om**

단과 강좌 할인 쿠폰
20% 할인

할인 쿠폰 사용 안내
1. 맛있는스쿨(cyberjrc.com)에 접속하여 [회원가입] 후 로그인을 합니다.
2. 메뉴중[쿠폰]→하단[쿠폰 등록하기]에 쿠폰번호 입력→[등록]을 클릭하면 쿠폰이 등록됩니다.
3. [단과] 수강 신청 후, [온라인 쿠폰 적용하기]를 클릭하여 등록된 쿠폰을 사용하세요.
4. 결제 후, [나의 강의실]에서 수강합니다.

쿠폰 사용 시 유의 사항
1. 본 쿠폰은 맛있는스쿨 단과 강좌 결제 시에만 사용이 가능합니다.
2. 본 쿠폰은 타 쿠폰과 중복 할인이 되지 않습니다.
3. 교재 환불 시 쿠폰 사용이 불가합니다.
4. 쿠폰 발급 후 60일 내로 사용이 가능합니다.

*본 쿠폰과 관련된 사항은 맛있는스쿨 고객센터(02-567-3327)로 문의해 주십시오.

맛있는 톡 할인 쿠폰

전화 화상 할인 이벤트

할인 코드: **jrcphone2qsj**

전화&화상 외국어 할인 쿠폰
10,000원

할인 쿠폰 사용 안내
1. 맛있는톡 전화&화상 중국어(phonejrc.com), 영어(eng.phonejrc.com)에 접속하여 [회원가입] 후 로그인을 합니다.
2. 메뉴중[쿠폰]→하단[쿠폰 등록하기]에 쿠폰번호 입력→[등록]을 클릭하면 쿠폰이 등록됩니다.
3. 전화&화상 외국어 수강 신청 시 [온라인 쿠폰 적용하기]를 클릭하여 등록된 쿠폰을 사용하세요.

쿠폰 사용 시 유의 사항
1. 본 쿠폰은 전화&화상 외국어 결제 시에만 사용이 가능합니다.
2. 본 쿠폰은 타 쿠폰과 중복 할인이 되지 않습니다.
3. 교재 환불 시 쿠폰 사용이 불가합니다.
4. 쿠폰 발급 후 60일 내로 사용이 가능합니다.

*본 쿠폰과 관련된 사항은 맛있는전화중국어 고객센터(02-567-3327)로 문의해 주십시오.

쉽고 재미있게 배우는 중국어의 정석!

맛있는 중국어 시리즈

회화

입문·초급
△ 중국어 발음과 기본 문장 학습
△ 중국어 뼈대 문장 학습

초·중급
△ 핵심 구문 90개 학습
△ 듣기와 말하기 능력 집중 향상
△ 언어 4대 영역 종합 학습

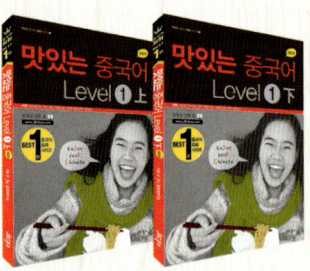
맛있는 중국어 Level ❶ 上 · Level ❶ 下

맛있는 중국어 Level ❷

맛있는 중국어 Level ❸

맛있는 중국어 Level ❹

맛있는 중국어 Level ❺

기본서

맛있는 중국어 독해 ❶·❷

맛있는 중국어 작문 ❶·❷

맛있는 중국어 어법

맛있는 중국어 듣기

△ 재미와 감동, 문화까지 **독해**
△ 어법과 어감을 통한 **작문**
△ 이론과 트레이닝의 결합! **어법**
△ 60가지 생활 밀착형 회화 **듣기**

쓰기·단어

맛있는 중국어 간체자 391

맛있는 중국어 필수 단어 1400

△ 제대로 알고 쓰는 간체자
△ 정확히 알고 말하는 필수 단어

맛있는
중국어
阅 독해 ①
读

맛있는 중국어 독해 ❶

초판 1쇄 발행	2010년 9월 15일
초판 7쇄 발행	2021년 3월 10일

저자	엄영권
발행인	김효정
발행처	맛있는books
등록번호	제2006-000273호
영업	강민호 | 장주연
마케팅	이지연

주소	서울 서초구 명달로 54 JRC빌딩 7층
전화	**구입문의** 02.567.3861, 02.567.3837 | **내용문의** 02.567.3860
팩스	02.567.2471
홈페이지	www.booksJRC.com
ISBN	978-89-92287-62-3 14720
	978-89-92287-61-6 (세트)
정가	14,500원

Copyright ⓒ 2010 맛있는books

출판사의 허락 없이 이 책의 일부 또는 전부를 무단 복사·복제·전재·발췌할 수 없습니다.
잘못된 책은 구입처에서 바꿔 드립니다.

맛있는 중국어 독해 ❶
阅读

엄영권 지음

맛있는 books

머리말 P.r.e.f.a.c.e

중국어를 공부하는 많은 사람들이 독해를 어렵게 생각합니다. 독해라는 단어가 주는 어감이 왠지 독하고 난해하게 느껴지기 때문일까요. 사실 여러분께서 알고 있는 독해는 그리 쉽게 정복할 수 있는 대상은 아닙니다. 그러나 '독해'를 단지 '읽다'라고 받아들인다면, 독해는 한층 쉽게 다가올 것입니다.

학창시절, 인천항에서 중국선원들을 대상으로 봉사활동을 하면서 그들이 건네주는 可口可乐 캔을 보며, 신기해 하던 일이 있었습니다. 그때, 저는 몇 글자 안 되는 可口可乐의 제품설명을 사전을 찾으며 공부하면서 참 즐거워했었고, 그 후 신문광고부터 노래가사, 중국어 성경 등 중국어로 되어 있는 것은 틈만 나면 읽고 또 읽었습니다. 지금 생각해 보면 정말 독해가 너무 재미있었던 것 같습니다.

올해 초였습니다. 강사로서 매너리즘에 빠지지 않기 위해 참신한 강의를 모색하던 중, 독해 강의를 하기로 결정했습니다. 학창시절부터 독해를 좋아했기 때문에, 제 나름대로 독해에 대한 노하우가 있다고 생각했고, 이를 강의에 접목시켜 보고자 했기 때문입니다. 그러나 당시 수강생께는 죄송하지만, 솔직히 그 수업에 대한 제 자신의 만족도는 0%에 가까웠습니다. 독해를 만만하게 생각한 제 오만 때문이었습니다. 다른 사람에게 전달하기에 독해는 여전히 어려웠습니다.

이 교재를 집필하게 된 가장 큰 이유도, 제 독해 노하우나 '왕도'를 전수해드리는 것보다는 당시에 제 부족함을 돌아보고, 실생활에서 접하는 다양하고도 흥미로운 주제를 통해 여러분의 독해 열정을 불러일으키는 데 있었습니다. 교재집필을 마치며 아쉬움이 많이 남고, 부족함에 대한 부끄러움과 걱정이 앞서지만, 그러나 한편으로는 이 교재가 조금이나마 여러분께 도움이 되기를 기대해 봅니다.

저에게 영감을 주시는 하나님께 항상 감사 드립니다. 그리고 자료수집부터 교정까지 많은 도움을 준 아내, 부족한 저에게 교재집필을 맡겨 주시고 교재가 나올 때까지 격려해 주신 JRC 중국어학원 김효정 원장님, 교재를 편집하고 디자인하느라 수고하신 JRC북스 류재령 대리와 출판팀원들께 감사 드립니다. 아울러 저에게 중국어에 대한 열정을 심어 주신 송재록 교수님과, 방학 때 연구 시간을 쪼개 독해스터디를 해주시며 중국어 독해의 맥을 가르쳐 주신 김종현 교수님, 그리고 자상한 눈빛으로 茅盾의 단편집을 건네주시며, 다독을 격려하시던 故 유옥가 교수님께 감사 드립니다.

2010. 8. 25
엄영권

이 책의 차례

머리말	04
이 책의 구성	08
독해를 위한 조언	10
독해를 위한 선행학습	13

맛있는 독해 I

1과 유머
- 小王의 앵무새 두 마리 小王的两只鹦鹉
- 딸의 잔머리 女儿的小聪明

[어법] 于是 | 反正 | 还是 | 동사+上

19

2과 춘절의 풍속
- 세뱃돈 이야기 压岁钱的故事
- 복이 뒤집혔다? 복이 도착했다! 福倒了? 福到了!
  물고기가 있다? 여유가 있다! 有鱼? 有余!

[어법] 关于 | 동사/형용사+得(de) | 동사+成 | 敢

31

3과 여행일기
- 제주도 여행일기 济州岛旅游日记
- 여행일정 旅游行程

[어법] 差点 | 没想到 | 似的 | 幸好

43

4과 다이어트
- 다이어트 체험담 减肥心得体会
- 다이어트 광고 减肥广告

[어법] 连 | 穿不下 | 不管 | 经过

55

5과 사랑
- 신세대의 좋은 남자 新好男人
- 여자가 남자에게 헤어지자고 말하는 이유 女人对男人说分手的理由

[어법] 弄 | 而是 | 只是 | 乱+동사

67

맛있는 독해 II

6과 일기예보
- 정월대보름 일기예보 元宵节的天气预报
- 생활날씨 生活天气

[어법] 由于 | 동사+起(来) | 转 | 最好

81

7과 영화
- 영화 소개 - <당산대지진 唐山大地震>
- 관람후기 观后感

[어법] 而 | 동사+下来 | 명사+般 | 于

93

8과 영화 대사
- <꼭 만나요 不见不散>의 대사
- <코믹 서유기 大话西游>의 대사

[어법] 否 | 仅仅 | 装 | 瞎+동사

105

9과 스포츠 뉴스
- 베이징올림픽에서 한국야구팀이 금메달을 획득하다
  北京奥运会韩国棒球队获得金牌
- 2009-2010년 한국 5대 스포츠 뉴스 2009-2010年韩国五大体育新闻

[어법] 以 | 所有 | 동사+定 | 동사+住

117

10과 중국 가요
- '적어도 당신이 있어요 至少还有你'
- 베이징올림픽 주제곡 北京奥运会主题曲 - '나와 너 我和你'

[어법] 来不及 | 值得 | 也许 | 恨不得

129

감동의 독해

11과 편지
- 연애편지 情书
- 연하장 贺年卡

[어법] 记得 | 终于 | 懂得 | 一切

143

12과 성어 고사
- 초선차전 草船借箭
- 새옹지마 塞翁失马

[어법] 总 | 以免 | 동사+起来 ① | 趁着

155

13과 성경 이야기
- 탕자의 비유 浪子的比喻
- 잃어버린 양의 비유 失羊的比喻

[어법] 동사+起来 ② | 동사+过来 | 难道 | 从来

167

14과 고시
- 왕안석 王安石의 '매화 梅花'
- 왕안석 王安石의 '산중 山中'

[어법] 冒着 | 동사+出 | 通过 | 胜于

179

15과 현대산문
- 주자청 朱自清의 '아버지의 뒷모습 背影'
- 호적 胡适의 '差不多선생전 差不多先生传'

[어법] 不禁 | 好在 | 便(biàn) | 颇 | 非~不可 | 白+동사 | 尚 | 何

191

해석 및 정답   208

이 책의 구성

1. **인트로** | 독해학습에 들어가기 전, 관련 이야기를 읽어 보는 에피타이저 코너입니다.

2. **미리 맛보기** | '문장 감각 익히기'에서는 독해에 필요한 선행학습을 하며, 독해를 돕기 위해 각 과의 내용과 관련된 표현을 미리 알아봅니다.

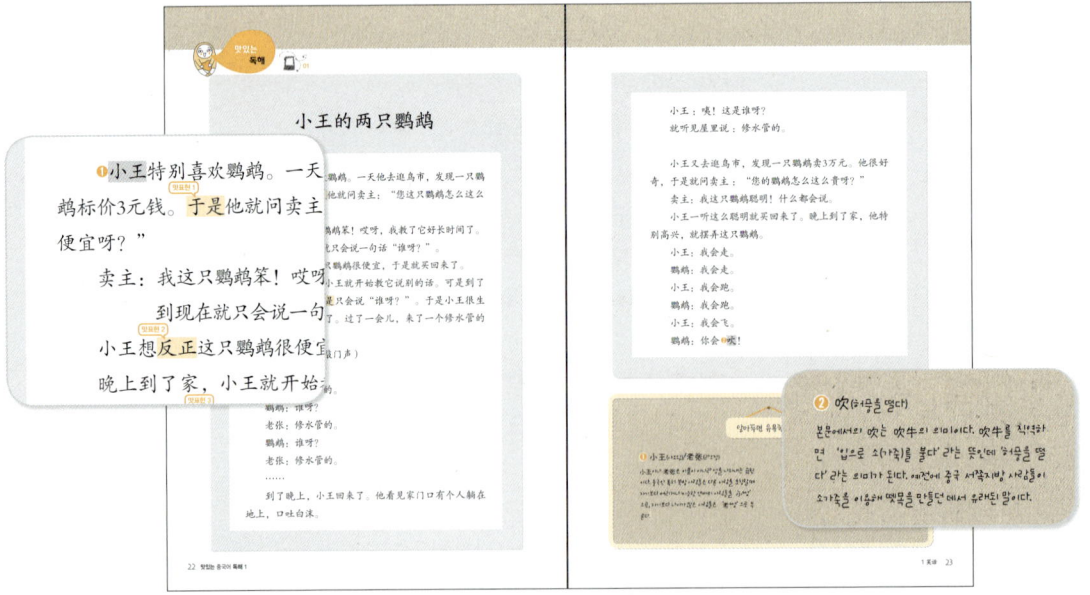

3. **맛있는 독해** | 다양한 형식의 재미있고 감동적인 이야기를 읽고, 원어민 성우의 목소리로 다시 들어 봅니다.

4. **알아두면 유용한 상식** | 독해 본문의 내용 중에 알아두면 유용하게 쓰일 수 있는 중국 관련 기본상식을 소개하여 중국 문화에 대한 이해를 도와줍니다.

5. **맛있는 단어** | '맛있는 독해' 본문에 나온 단어를 읽으며 뜻을 확실하게 알아둡니다.

6. **체크체크** | '맛있는 단어'의 쓰임을 복습하기 위해 문제를 풀어 봅니다.

7. **TEST 1** | 독해 본문의 내용확인 문제로, 본문 내용을 제대로 파악했는지 테스트 합니다.

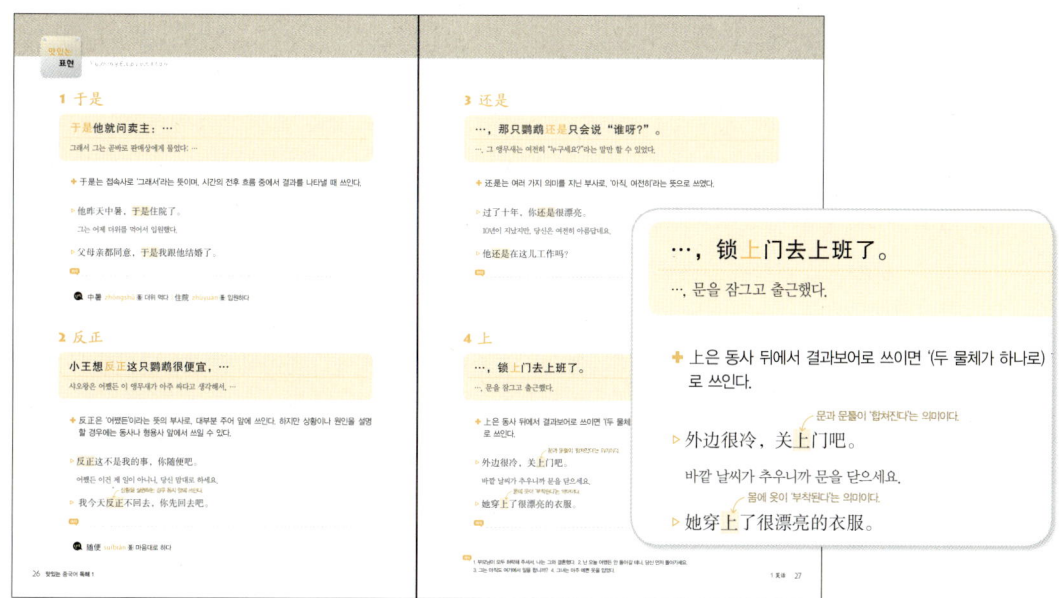

8. **맛있는 표현** | '맛있는 독해' 본문 중에서 주요표현을 골라 어법을 설명하고, 예문도 함께 익힐 수 있도록 하였습니다.

9. **TEST 2** | '단어 배열하여 문장 만들기', '어법 관련 문제', '문장 확장 연습' 등의 다양한 문제를 풀어 봅니다.

10. **맛있는 독해 PLUS** | '맛있는 독해'와 관련 있는 내용의 비교적 짧은 문장을 읽고, 직접 해석해 보며 독해 실력을 다집니다.

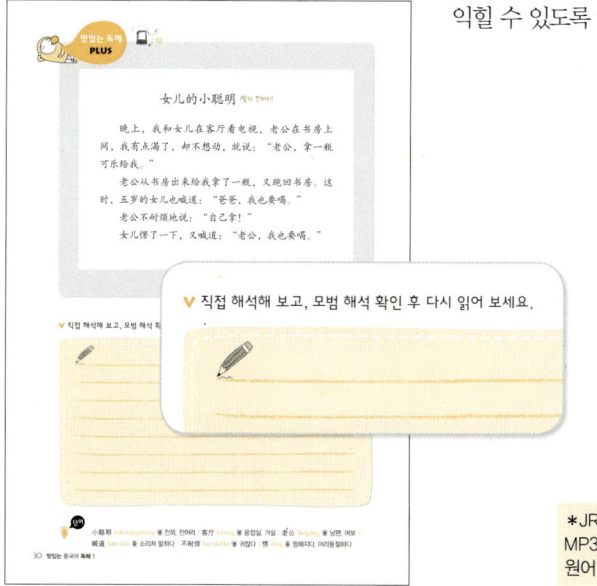

*JRC북스 홈페이지(www.booksJRC.com)의 MP3 자료실에서 MP3 파일을 무료 다운로드 받을 수 있습니다. 원어민의 녹음을 들으면서 정확한 중국어 발음을 구사해 보세요.

독해를 위한 조언

많은 분들이 중국어를 공부하면서, 중국어를 쉽고 빠르게 마스터할 수 있는 방법을 물어 봅니다. 사실 그에 대한 답은 모든 분들이 이미 알고 있습니다. 중국어를 쉽고 빠르게 마스터할 수 있는 '왕도'는 없습니다. 자신이 그 길을 만들어가는 것이죠. 이 책에서는 제 얕은 경험과 지식을 소개하는 것일 뿐, '이것이 최선이다'라고 말씀드릴 수 없음을 양해하시고, 이 책을 참고하여 여러분 스스로의 방법을 찾아 보시기 바랍니다.

1. 어휘

🍂 총알을 늘리자!

독해는 우선 단어 싸움입니다. 총알이 없으면 아무리 좋은 총이 있더라도 무용지물이 되고 마는 것처럼, 단어를 모르고서 독해를 한다는 것은 말이 되지 않습니다. 독해를 위해 단어를 많이 공부해야 하는데, 닭이 먼저냐, 달걀이 먼저냐의 문제이겠지만, 결국 단어도 문장에서 찾아야 합니다. 단어장 등을 이용한 단어학습은 머리 속에서 쉽게 잊혀질 뿐만 아니라, 그 단어를 활용하고자 할 때, 중국어의 문장구조나 단어의 성격이 우리말과는 다른 이유로 인해 그 단어를 잘못 사용할 수 있기 때문입니다. 문장 속에서 찾은 단어를 자신만의 단어장을 만들어 그 예문과 함께 적어두면 크게 도움이 될 것입니다.

🍂 다양한 문장에서 단어를 수집하자!

이렇게 단어를 공부할 때 주의해야 할 점은 여러 종류의 문장을 접해 봐야 한다는 것입니다. 문장에 따라 쓰이는 단어의 성격과 활용 방법이 다르기 때문에 다양한 문장을 접해 봐야 합니다. 최근에는 인터넷 사이트의 발달로 다양한 문장을 접할 수 있는데, 이를 통해 다양한 단어의 활용 방법을 익힐 수 있습니다.

🍂 한 글자의 의미를 소중히 하자!

중국어는 글자마다 뜻이 있고, 한 글자에 여러 음이 있는 경우가 많기 때문에, 단어의 변화가 무궁하고, 새 단어도 무한히 쏟아져 나옵니다. 또 기존의 단어를 함축해서 표현하는 경우도 많습니다. 그렇기 때문에 단어를 공부할 때는 단어 한 글자, 한 글자의 뜻과 음을 익혀야 합니다. 그 다음에는 그 글자가 다른 글자와 합쳐졌을 때 어떤 의미로 사용되는지를 파악해두고, 단어의 뜻을 유추해야 합니다. 예를 들어, 方法, 办法와 无法를 통해 유추할 수 있는 것은 法는 원래 '법'이라는 뜻이 있지만, 위에서는 모두 '방법'의 뜻으로 쓰인 것을 알 수 있습니다. 办法는 办이 '처리하다'는 뜻을 가지고 있으므로 '처리하는 방법'이라는 의미로, 无法는 无가 '없다'는 뜻을 가지고 있으므로 '방법이 없다'는 의미로 쓰인 것을 알 수 있습니다. 이런 식으로 단어를 공부하다 보면, 어느 정도의 한자실력이 쌓이게 되고, 접해 보지 않은 단어도 쉽게 파악할 수 있습니다. 실제로 중국인도 새로 만들어지는 단어는 대부분 이런 식으로 의미를 파악합니다.

🍂 중중사전을 활용해 보자!

여러분의 중국어 수준이 어느 정도의 궤도에 올라섰다고 생각되면, 조금 어렵더라도 중중사전을 활용해 보는 것이 좋습니다. 중중사전에서 쓰이는 설명은 처음에는 생소하지만, 대부분 설명하는 방식에 일정한 틀이 있기 때문에, 익숙해진 후에는 문장을 이해하는 데 좀 더 도움이 될 것입니다. 그리고 유사한 단어나 그 단어를 설명하기 위한 관련 표현들을 많이 접할 수 있기 때문에, 훨씬 자연스럽게 단어량을 늘릴 수 있게 되고, 그 어휘를 정확히 사용할 수 있게 됩니다.

🍂 사전 없이 읽어 보자!

총알이 어느 정도 쌓인 후에는 사전 없이 문장 읽기를 하는 방법이 효과적입니다. 모르는 글자가 나오면, 앞뒤의 글자를 통해 그 뜻을 유추해 보고, 글자만 알고 단어의 뜻을 모른다면 다양한 의미를 대입해서 해석해 보는 것이 좋습니다. 처음에는 시행착오도 많고, 시간도 오래 걸리지만, 점차 빠르고 정확한 독해를 할 수 있게 될 것입니다.

2. 문장

🍂 끊어 읽는 습관을 갖자!

독해를 하면서 가장 중요한 것은 끊어 읽는 연습을 많이 해야 한다는 것입니다. 끊어 읽는 것은 결국은 중국어 문장의 구조를 파악하는 데 결정적 역할을 합니다. 중국어는 우리말처럼 격조사가 많이 쓰이지 않기 때문에 같은 단어가 쓰였음에도 불구하고, 어순 배열에 따라 전혀 다른 문장이 될 수 있습니다. 그렇기 때문에 중국어 문법의 핵심은 어순이라고 할 수 있습니다. 이리저리 문장을 끊어서 해석을 하다 보면, 중국어의 어순배열이 우리말 어순과 어떻게 다른지 알게 되고, 어떻게 해석을 하면 좀 더 매끄럽게 되는지 터득해나갈 수 있습니다.

🍃 서술어와 보어를 눈 여겨 보자!

모든 언어가 마찬가지겠지만, 서술어는 중국어의 뼈대 중의 뼈대입니다. 중국어 문장을 파악할 때 중심이 되는 서술어를 찾으면, 난해하기만 했던 문장도 풀리기 시작합니다. 서술어가 뼈대 중의 뼈대라면, 보어는 살 중의 살이라고 할 수 있습니다. 보어는 '보충하는 말'이라는 뜻이어서, 보충을 안 해도 그만이라고 생각할 수도 있을 겁니다. 하지만 이 보어를 제대로 파악하지 못한다면, 전혀 엉뚱하게 해석이 될 가능성이 있습니다. 중국어를 확실하게 공부하고 싶다면, 독해에서 서술어와 보어를 유의하며 문장을 파악하는 것이 좋습니다.

🍃 긴 문장을 읽을 땐 접속사와 부사에 집중하자!

또한 긴 문장을 독해할 때는 접속사나 부사를 특히 집중해서 봐야 합니다. 접속사나 부사는 없어도 되는 단어라서 이름도 허사인데, 사실은 이 허사가 독해에서 맥 역할을 하는 경우가 많습니다. 보다 정확한 독해를 하기 위해서는 접속사나 부사를 많이 익혀두어야 합니다.

🍃 좋은 구절은 외워두자!

중국어를 공부하다가 재미있는 표현이나 중요한 표현을 발견했을 때, 자신만의 단어장에 적어놓고 외워두면 문장감각을 키우는 데 큰 도움이 됩니다.

🍃 문장을 꼭꼭 씹어 보자!

독해를 하면서 단순히 문장의 내용을 파악하는 것만으로도 독해실력을 향상시키는 데 도움이 될 수 있겠습니다만, 독해를 통해 문장 표현을 완전히 자기의 것으로 만들기 위해선 또 다른 노력이 필요합니다. 먼저 문장과 단락을 한국어로 번역하고 그 번역본을 보며 다시 중국어로 번역하는 이중번역 연습을 한다면 여러분의 독해실력은 배가 될 것이고, 작문실력 또한 함께 향상시킬 수 있습니다.

3. 독해의 생활화

끝으로 권해드리는 말씀은 중국어를 즐기고 생활화해야 한다는 것입니다. 아무리 많은 문장을 독해하더라도, 흥미와 하고자 하는 열정이 없다면 효과는 반감되고 맙니다. 영화, 노래, 소설 등 자신만의 방법으로 중국어에 대한 흥미를 살리는 게 필요합니다. 또 어디서든 중국어가 쓰여 있다면 관심을 가지고 보려는 자세, 영수증이든 기차표든 중국어가 쓰여 있으면 모았다가 다시 한번 살펴보는 자세가 여러분의 독해실력을 향상시킬 수 있을 것입니다.

독해를 위한 선행학습

1. 독해 필수단어

다음 단어들은 독해 문장에서 자주 등장하는 단어들로, 주로 문어체에서 자주 등장합니다. 다음 단어들을 여러분이 알고 있는 단어와 비교해서 공부한다면 독해에 도움이 될 것입니다.

품사	구분	유사 단어	해석
대명사(代词)	此 cǐ	这	이, 이것
	其 qí	那	그, 그것
의문대명사(疑问代词)	何 hé	什么	무엇, 어떤
	为何 wèihé	为什么	무엇 때문에, 왜
	如何 rúhé	怎么	어떻게
	何时 héshí	什么时候	언제
	何地 hédì	什么地方	어디
	何人 hérén	谁	누구
	某 mǒu	有的/有个	어떤/어느
	某人 mǒurén	有人	어떤 사람
부사(副词)	便 biàn	就	바로, 곧
	则 zé	就	바로, 곧
	共 gòng	一起	함께, 모두
	相 xiāng		서로
	并 bìng		결코, 게다가
	却 què		오히려
	倒 dào		오히려
	反而 fǎn'ér		오히려
	曾 céng		이미
	非 fēi	不、不是	~가 아니다
전치사(介词)	将 jiāng	把	~을
	由 yóu	从	~부터, ~가
	于 yú	从、在、到、比	~부터, ~에서, ~까지, ~보다
	与 yǔ	和、跟	~와, ~에게
	以 yǐ	用	~로써
접속사(连词)	而 ér		~하고, 그리고, ~하면서도 ~한
	及 jí		및
	以及 yǐjí		및
	若 ruò	如果	만약
	且 qiě	而且	~할 뿐 아니라, 게다가
조사(助词)	之 zhī	的	~한, ~의
	所 suǒ		~하는 바의

2. 독해 필수문형

다음 문형들은 독해 문장에서 자주 등장하는 문형들입니다. 긴 문장에서 앞뒤 문장의 관계를 이해하는 데 중요한 역할을 하는 문형들이므로 독해에 앞서 미리 익혀두시기 바랍니다.

구분	해석
~于是~	~해서, 그래서 ~하다
由于~因此~	~ 때문에, 그래서 ~하다
不仅~而且	~할 뿐만 아니라 게다가 ~하다
~或者~	~이거나 혹은 ~ 이다
只要~就~	~하게 되면 곧 ~할 것이다
不管~都~	~하는 것을 막론하고 모두 ~하다
~以免~	~함으로써 ~하는 것을 피하다
连~也~	~조차도 ~하다
即使~也~	설령 ~할지라도 ~하다
哪怕~都~	설령 ~할지라도 ~하다
幸好~要不然~	~해서 망정이지 그렇지 않으면 ~할 것이다
好在~要不然~	~해서 망정이지 그렇지 않으면 ~할 것이다
(首)先~然后~最后~	먼저 ~하고, 그 다음에 ~하고, 끝으로 ~하다
不是~而是	~가 아니고 ~이다
~然而~	~하지만, 그러나 ~하다
虽然~但是~	비록 ~할지라도 그러나 ~하다
尽管~也	~에도 불구하고 ~하다

3. 문장부호와 끊어 읽기

중국어에서는 격조사가 쓰이지 않기 때문에, 문장부호와 끊어 읽기가 굉장히 중요한 역할을 합니다. 문장부호의 기능과 끊어 읽기의 여러 경우를 알아봅시다.

1) 문장부호

명칭	부호	설명
마침표(句号)	。	한 문장이 끝났을 때 문장 끝에 사용
물음표(问号)	?	의문문 끝에 사용
감탄 부호(叹号)	!	감정을 표현할 때 문장 끝에 사용
쉼표(逗号)	,	뜻을 분명히 하고, 읽기 쉽도록 하기 위해 문장을 끊을 때 사용
모점(顿号)	、	문장 중 같은 성질의 단어나 구가 나열될 때 사용
쌍반점(分号)	;	句号와 逗号가 결합된 부호로 연관된 문장이 나열될 때 사용
쌍모점(冒号)	:	전후 문장의 의미가 대등함을 나타내거나, 인용할 때 사용
따옴표(引号)	" "	다른 문장이나 다른 사람의 말을 인용할 때 혹은 강조시에 사용
괄호(括号)	( )	주석을 붙이거나, 부연설명이 필요할 때 사용
말줄임표(省略号)	……	문장을 생략할 때 사용
방점(着重号)	. . .	중요한 단어나 구절의 위나 아래에 사용해서 강조를 나타냄
붙임표(连接号)	~	시간, 장소, 수량의 범위를 표시할 때 사용
가운뎃점(间隔号)	·	숫자 사이나 외국인명 사이에 사용
책 이름표(书名号)	《 》	서명이나 논문, 잡지의 명칭에 사용
고유명칭 부호(专名号)	___	고유명사 밑에 사용
줄표(破折号)	——	어감이 갑자기 바뀌거나 대화 중 의외의 상황이 나타났을 때 사용하거나, 또는 괄호 대신 사용하거나 단어를 길게 늘여서 읽을 때 사용

2) 끊어 읽기

1. 다음 문장을 끊어 읽고 해석하세요.

> 南京市长江大桥欢迎您！

위 문장의 경우 끊어 읽기에 따라서 두 가지 해석이 가능합니다.

① 南京市长 | 江大桥 | 欢迎您！ 남경시장 강대교는 당신을 환영합니다.
② 南京市 | 长江大桥 | 欢迎您！ 남경시 장강대교는 당신을 환영합니다.

2. 다음 문장에 쉼표를 찍고 해석하세요.

> 有粮食不卖给八路军！

위 문장의 경우 끊어 읽기에 따라서 세가지 해석이 가능합니다.

① 有粮食，不卖给八路军！ 양식이 있지만, 팔로군에게는 팔지 않겠소.
② 有粮食不，卖给八路军！ 양식이 있나요 없나요, 팔로군에게 파세요.
③ 有粮食不卖，给八路军！ 양식이 있는데, 팔지 않고, 팔로군에게 주겠소.

3. 다음 문장은 문장부호와 띄어 읽기에 따라 여러 가지 해석이 가능합니다.

> 下雨天留客天留我不留

① 下雨天，留客天，留我不留？
   비오는 날은 손님을 머물게 하는 날, 나를 머물게 해줄래요, 말래요?
② 下雨天，留客天，留我？不留！
   비오는 날은 손님을 머물게 하는 날, 나를 머물게 해달라고? 안 돼!
③ 下雨天留客，天留我不？留。
   비오는 날은 손님을 머물게 하는데, 하늘은 나를 머물게 할 것인가 말 것인가? 머물게 할 것이다.
④ 下雨天留客，天留我？不留。
   비오는 날은 손님을 머물게 하는데, 하늘이 나를 머물게 한다고? 안 돼.
⑤ 下雨，天留客；天留，我不留？
   비가 오면, 하늘은 손님을 머물게 한다. 하늘이 머물게 하는데 나는 머물게 하지 않겠다?
⑥ 下雨天留客，天留，我不留。
   비오는 날은 손님을 머물게 하는데, 하늘은 머물게 하지만, 난 머물게 하지 않겠다.
⑦ 下雨天，留客天；留我不？留！
   비오는 날은 손님을 머물게 하는 날, 나를 머물게 해줄래요, 말래요? 머물게 해줘요!

위에서 살펴본 바와 같이 중국어에서 문장을 끊어 읽는 것과 문장부호를 올바로 사용하는 것은 문장의 내용을 정확하게 파악하는 데 아주 중요한 역할을 하므로 이 점에 유의하여 독해하기 바랍니다.

맛있는 독해 I

사랑, 여행, 유머 등 생활에서 쉽게 접할 수 있는 주제로 구성하였으며,
체계적으로 문장 감각을 익혀 재미있게 독해합니다.

1과 유머 笑话　　　　　　　　　　　19

2과 춘절의 풍속 春节的风俗习惯　　　31

3과 여행일기 旅游日记　　　　　　　43

4과 다이어트 减肥　　　　　　　　　55

5과 사랑 爱情　　　　　　　　　　　67

1과 유머

笑话

독해
- 小王의 앵무새 두 마리
- 딸의 잔머리

맛있는 표현
1. 于是
2. 反正
3. 还是
4. 上

幽默의 종류

유머는 중국어로 幽默 yōumò라고 하는데, 영어 발음을 그대로 옮긴 외래어입니다. 유머에는 여러 종류가 있습니다. 내용이 대체로 짧은 이야기인 笑话 xiàohua(유머)가 있고, 썰렁한 말로 분위기를 썰렁하게 만드는 冷笑话 lěng xiàohua(썰렁개그), 웃음을 이용해 슬픔과 절망을 표현하는 黑色幽默 hēisè yōumò(블랙유머), 恶搞 ègǎo(패러디) 등이 있습니다. 이번 과에서는 그 중 일반적인 笑话에 대해서 공부해 보겠습니다. 대부분의 笑话는 이야기의 끝부분에서 웃음을 유도하는 반전이 있습니다. 이 점을 유의하여 본문을 읽어 봅시다.

주성치 주연의 〈쿵푸허슬〉
주성치식 코미디는 黑色幽默(블랙유머)와 과장된 코미디가 주를 이룬다.

路上幽默(길거리 유머)
"我喝酒是想把痛苦溺死，但这该死的痛苦却学会了游泳。"
(내가 술을 마시는 건 고통을 익사시키기 위함인데, 이 빌어먹을 고통은 오히려 수영을 마스터했다.)

痛苦 tòngkǔ 명 고통 | 溺死 nìsǐ 동 익사하다 | 该死 gāisǐ 형 빌어먹을 | 却 què 부 오히려
学会 xuéhuì 동 배워서 알다(마스터하다)

미리 맛보기 - 문장 감각 익히기 ①

1 긴 문장은 문장의 핵심이 되는 동사를 찾아 끊어서 해석한다.

> 发现／一只鹦鹉标价3元钱。
> 가격이 3위엔인 앵무새 한 마리를 발견했다.

发现, 看见, 听见, 问, 说와 같은 동사는 뒤에 절이 올 수 있으므로 끊어서 해석한다.

예 我看见他在学校。
　　 나는 그가 학교에 있는 것을 보았다.

2 단어의 여러 쓰임과 음을 구별한다.

> 동사 앞에 올 때는 부사로 쓰이므로, '오직, 겨우'의 뜻이며 zhǐ로 읽는다.
> 那只鹦鹉还是只会说"谁呀？"。
> 그 앵무새는 여전히 "누구세요?"라는 말만 할 수 있었다.
> 명사 앞에 올 때는 양사로 쓰이므로, '마리'의 뜻이며 zhī로 읽는다.

　　　　zhǐ　　　zhī
예 我们只吃了一只鸡。
　　 우리는 겨우 닭 한 마리 먹었다.

3 생략되는 표현을 유추한다.

> 过了一会，来了一个修水管的。
> 조금 지나서 수도관을 고치는 사람이 왔다.
> [동사+명사+的]는 '~하는 사람'이라는 뜻이다.

예 他是开车的。
　　 그는 운전사(차를 모는 사람)이다.

小王的两只鹦鹉

❶小王特别喜欢鹦鹉。一天他去逛鸟市,发现一只鹦鹉标价3元钱。于是他就问卖主:"您这只鹦鹉怎么这么便宜呀?"

卖主:我这只鹦鹉笨!哎呀,我教了它好长时间了。到现在就只会说一句话"谁呀?"。

小王想反正这只鹦鹉很便宜,于是就买回来了。

晚上到了家,小王就开始教它说别的话。可是到了早晨,那只鹦鹉还是只会说"谁呀?"。于是小王很生气,锁上门去上班了。过了一会儿,来了一个修水管的(简称❶老张)。

老张:喂。(敲门声)

鹦鹉:谁呀?

老张:修水管的。

鹦鹉:谁呀?

老张:修水管的。

鹦鹉:谁呀?

老张:修水管的。

……

到了晚上,小王回来了。他看见家门口有个人躺在地上,口吐白沫。

小王：咦！这是谁呀？
就听见屋里说：修水管的。

小王又去逛鸟市，发现一只鹦鹉卖3万元。他很好奇，于是就问卖主："您的鹦鹉怎么这么贵呀？"
卖主：我这只鹦鹉聪明！什么都会说。
小王一听这么聪明就买回来了。晚上到了家，他特别高兴，就摆弄这只鹦鹉。
小王：我会走。
鹦鹉：我会走。
小王：我会跑。
鹦鹉：我会跑。
小王：我会飞。
鹦鹉：你会❷吹！

알아두면 유용한 상식

❶ 小王(샤오왕)/老张(라오장)
小王이나 老张은 이름이 아니라 성을 나타내는 표현이다. 중국인 특히 북방 사람들은 다른 사람을 호칭할때 자기보다 어리거나 비슷한 연배의 사람들을 '小씨'으로, 자기보다 나이가 많은 사람들은 '老씨'으로 부른다.

❷ 吹(허풍을 떨다)
본문에서의 吹는 吹牛의 의미이다. 吹牛를 직역하면 '입으로 소(가죽)를 불다'라는 뜻인데 허풍을 떨다 라는 의미가 된다. 예전에 중국 서쪽지방 사람들이 소가죽을 이용해 뗏목을 만들던 데서 유래된 말이다.

맛있는 단어
Y.u.m.m.y.W.o.r.d.s

- 鹦鹉 yīngwǔ 명 앵무새
- 逛 guàng 동 구경하며 다니다
- 鸟市 niǎoshì 명 조류시장
- 标价 biāojià 명 (표시된) 가격
- 于是 yúshì 접 그래서
- 卖主 màizhǔ 명 판매인
- 回答 huídá 동 대답하다
- 笨 bèn 형 멍청하다
- 反正 fǎnzhèng 부 어쨌든
- 早晨 zǎochén 명 (이른) 아침

- 锁 suǒ 동 잠그다
- 修 xiū 동 수리하다
- 水管 shuǐguǎn 명 수도관
- 躺 tǎng 동 눕다
- 吐 tù 동 토하다
- 白沫 báimò 명 흰 거품
- 好奇 hàoqí 형 호기심을 갖다
- 摆弄 bǎinòng 동 갖고 놀다
- 吹 chuī 동 허풍 떨다

체크체크

Q 보기에 주어진 단어를 이용해 빈칸을 채워 보세요.

> 보기   吹   锁   笨   吐

1. 我坐船就想(   )。
2. 你出来的时候, (   )门了吗?
3. 他真(   ), 这个字也不会写。
4. 哪儿有这样的事儿, 你别(   )牛。

TEST 1

본문 내용을 읽은 후, 아래 질문에 답해 보세요.

1. 第一只鹦鹉为什么那么便宜？

① 很聪明　　② 很笨　　③ 一句话也不会说　　④ 不好看

2. 小王买了第一只鹦鹉以后，做什么了？

① 教它说话　　② 教它飞　　③ 用它做菜　　④ 用它赚钱

3. 修水管的为什么躺在小王家门口？

① 他有病。

② 他工作太累，想休息一会儿。

③ 他跟鹦鹉说话太累了。

④ 躺在地上等小王。

4. 第二只鹦鹉标价多少？

① 三块　　② 三百块　　③ 三千块　　④ 三万块

5. 请选出与上面不同的内容。

① 小王特别喜欢鹦鹉。

② 小王不喜欢摆弄鹦鹉。

③ 第一只鹦鹉现在会说两句话了。

④ 第二只鹦鹉什么都会说。

맛있는 표현 Y.u.m.m.y.E.x.p.r.e.s.s.i.o.n

1 于是

于是他就问卖主：…
그래서 그는 곧바로 판매상에게 물었다: …

+ 于是는 접속사로 '그래서'라는 뜻이며, 시간의 전후 흐름 중에서 결과를 나타낼 때 쓰인다.

▷ 他昨天中暑，于是住院了。
그는 어제 더위를 먹어서 입원했다.

▷ 父母亲都同意，于是我跟他结婚了。

단어 中暑 zhòngshǔ 동 더위 먹다 | 住院 zhùyuàn 동 입원하다

2 反正

小王想反正这只鹦鹉很便宜，…
샤오왕은 어쨌든 이 앵무새가 아주 싸다고 생각해서, …

+ 反正은 '어쨌든'이라는 뜻의 부사로, 대부분 주어 앞에 쓰인다. 하지만 상황이나 원인을 설명할 경우에는 동사나 형용사 앞에서 쓰일 수 있다.

▷ 反正这不是我的事，你随便吧。
어쨌든 이건 제 일이 아니니, 당신 맘대로 하세요.

▷ 我今天反正不回去，你先回去吧。 (상황을 설명하는 경우 동사 앞에 쓰인다.)

단어 随便 suíbiàn 동 마음대로 하다

3 还是

> …，那只鹦鹉还是只会说"谁呀？"。
>
> …, 그 앵무새는 여전히 "누구세요?"라는 말만 할 수 있었다.

➕ 还是는 여러 가지 의미를 지닌 부사로, '아직, 여전히'라는 뜻으로 쓰였다.

▷ 过了十年，你还是很漂亮。
　　10년이 지났지만, 당신은 여전히 아름답네요.

▷ 他还是在这儿工作吗？

해석

4 上

> …，锁上门去上班了。
>
> …, 문을 잠그고 출근했다.

➕ 上은 동사 뒤에서 결과보어로 쓰이면 '(두 물체가 하나로) 합쳐지다, (~에) 부착되다'라는 뜻으로 쓰인다.

문과 문틀이 '합쳐진다'는 의미이다.

▷ 外边很冷，关上门吧。
　　바깥 날씨가 추우니까 문을 닫으세요.

몸에 옷이 '부착된다'는 의미이다.

▷ 她穿上了很漂亮的衣服。

해석

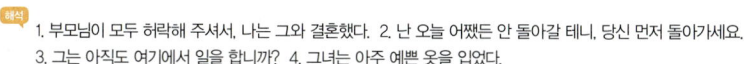

해석 1. 부모님이 모두 허락해 주셔서, 나는 그와 결혼했다. 2. 난 오늘 어쨌든 안 돌아갈 테니, 당신 먼저 돌아가세요.
3. 그는 아직도 여기에서 일을 합니까? 4. 그녀는 아주 예쁜 옷을 입었다.

TEST 2

Y.u.m.m.y.E.x.p.r.e.s.s.i.o.n

1. 단어를 배열하여 문장을 만들어 보세요.

❶ 바깥 날씨가 추우니까 문을 닫으세요.

门　冷　上　吧　外边　关　很

→ _____

❷ 부모님이 모두 허락해 주셔서, 나는 그와 결혼했다.

于是　他　父母亲　都　跟　结婚　同意　了　我

→ _____

❸ 어쨌든 이건 제 일이 아니니, 당신 맘대로 하세요.

不　这　随便　是　的　事　你　吧　反正　我

→ _____

❹ 그녀는 아주 예쁜 옷을 입었다.

漂亮　她　了　衣服　上　很　的　穿

→ _____

❺ 10년이 지났지만, 당신은 여전히 아름답네요.

你　十　过　年　很　漂亮　了　还是

→ _____

2. 나머지 셋과 용법이 다른 것을 고르세요.

① a. 做买卖的　　　b. 开车的　　　c. 我写的　　　d. 做菜的

② a. 这只狗很大。
　　b. 她只会说汉语。
　　c. 老师只喜欢他，不喜欢我。
　　d. 他只买了一本书，没买别的。

③ a. 关上门　　　b. 穿上衣服　　　c. 戴上帽子　　　d. 登上山顶

3. 우리말 문장에 맞도록 중국어로 쓰세요. 문장 확장 연습

① 샤오왕은 생각했다.

→ _____

② 샤오왕은 어쨌든 아주 싸다고 생각했다.

→ _____

③ 샤오왕은 어쨌든 이 앵무새가 아주 싸다고 생각했다.

→ _____

④ 샤오왕은 어쨌든 이 앵무새가 아주 싸다고 생각해서, 곧바로 사서 돌아왔다.

→ _____

女儿的小聪明 (딸의 잔머리)

　　晚上，我和女儿在客厅看电视，老公在书房上网，我有点渴了，却不想动，就说：“老公，拿一瓶可乐给我。”
　　老公从书房出来给我拿了一瓶，又跑回书房。这时，五岁的女儿也喊道：“爸爸，我也要喝。”
　　老公不耐烦地说：“自己拿！”
　　女儿愣了一下，又喊道：“老公，我也要喝。”

출처: 〈中文幽默王〉 사이트

▼ 직접 해석해 보고, 모범 해석 확인 후 다시 읽어 보세요.

단어

小聪明 xiǎocōngming 명 잔꾀, 잔머리 | 客厅 kètīng 명 응접실, 거실 | 老公 lǎogōng 명 남편, 여보 | 喊道 hǎn dào 통 소리쳐 말하다 | 不耐烦 bú nàifán 형 귀찮다 | 愣 lèng 통 멍해지다, 어리둥절하다

2과 춘절의 풍속
春节的风俗习惯

독해
- 세뱃돈 이야기
- 복이 뒤집혔다? 복이 도착했다!
- 물고기가 있다? 여유가 있다!

맛있는 표현
1. 关于
2. 得 de
3. 成
4. 敢

숫자 4와 한자문화

중국은 유구한 역사와 광활한 영토, 수많은 민족들의 융합 등으로 뿌리 깊고 다양한 풍습을 가지고 있습니다. 그 풍습 가운데는 우리의 풍속과 비슷한 것도 많은데, 특히 '넉 사(四)' 자와 '죽을 사(死)' 자의 발음이 비슷해서 숫자 '4'를 좋아하지 않는 풍속은 우리가 한자문화의 영향을 받았기 때문일 것입니다. 이번 과에서는 글자와 관련된 풍습에 대해 공부해 보겠습니다.

倒福 dào fú 복이 뒤집히다
춘절에는 福(복) 자를 쓴 종이를 집안에 거꾸로 붙이는 풍습이 있다. 이것은 倒와 到의 발음이 같은 점을 이용한 것으로서, 두 단어 倒福(복이 뒤집히다)와 到福(복이 오다)를 합성한 '복이 뒤집히면 복이 온다'라는 말에서 유래되었다.

压岁钱 yāsuìqián 세뱃돈
压岁钱은 춘절에 손윗사람이 손아랫사람에게 주는 세뱃돈으로, 红包(빨간 봉투)에 담아 친척과 가족이 다 모인 자리에서 건강과 행복을 축원하며 건넨다.

미리 맛보기 - 문장 감각 익히기 ②

1 긴 문장은 就를 중심으로 앞뒤 문맥을 파악한다.

> 他们怕"祟"来害孩子，就拿出八枚铜钱跟孩子一起玩。
> 그들은 '쑤이'가 와서 아이를 해칠까 두려워서, 동전 여덟 개를 꺼내 아이와 함께 놀았다.
> ↳ 앞뒤 절의 관계를 연결해 주는 역할

예) 我怕他打我，就告诉老师。
나는 그가 나를 때릴까 두려워서, 선생님께 말씀드렸다.

2 단어의 여러 쓰임과 음을 구별한다.

> 孩子玩累了睡着了，他们就把八枚铜钱用红纸包着放在孩子的枕头下边，…
> ↳ 睡 뒤에 붙어 zháo로 읽으며 '잠들다'라는 뜻이다.
>
> • 동사의 상태가 지속됨을 나타낼 때 zhe로 읽는다.
> • '동+着+동'의 형식으로 쓰일 경우 '~해서 ~하다'의 뜻이 된다.
>
> 아이는 놀다가 피곤해서 잠이 들었는데, 그들은 동전 여덟 개를 빨간 종이로 싸서 아이의 베개 밑에 넣어두었다,…

예) 请大家跟着我念。
모두 저를 따라서 읽으세요.

3 같은 발음에서 의미를 유추한다.

> 红包里有钱，这钱叫做压岁钱。
> 빨간 봉투 안에는 돈이 들어 있는데, 이 돈을 '压岁钱(세뱃돈)'이라고 부른다.
> ↳ '나이'라는 뜻이지만 재앙을 의미하는 祟와 발음이 같아서 祟 대신 쓰였다.

예) 你家的福倒了。
당신 집에 복이 왔어요.
↳ 福(복) 자가 '뒤집어지다'라는 뜻이지만, 到와 발음이 같아서 복이 '도착하다'라는 의미로 쓰였다.

压岁钱的故事

　　每年的春节，中国的孩子都要向长辈们拜年，长辈们就会分给孩子❶红包。红包里有钱，这钱叫做压岁钱。

　　关于压岁钱，有一个故事。古时候，有一个小妖叫"祟"，大年三十晚上出来用手摸睡着的孩子的头，孩子就吓得哭起来，接着头疼发热，变成傻子。所以，家家都在这天亮着灯不睡觉，这叫做"守祟"。

　　有一家夫妻俩老年生了个儿子，非常爱他。到了大年三十晚上，他们怕"祟"来害孩子，就拿出八枚铜钱跟孩子一起玩。孩子玩累了睡着了，他们就把八枚铜钱用红纸包着放在孩子的枕头下边，夫妻俩不敢睡觉。

　　半夜里"祟"偷偷地进来，伸手去摸孩子的头的时候，枕头边就发出闪光，吓得"祟"逃跑了。

第二天，夫妻俩告诉了大家用红纸包八枚铜钱就能吓退"祟"，以后大家都跟着做，孩子们就平安无事了。

原来八枚铜钱是❷八仙变的，他们出来压住"祟"，保护孩子。所以后来人们拜年时，分给孩子们的钱叫做"压祟钱"。因为"祟"与"岁"谐音，现在的人们就说是"压岁钱"。

알아두면 유용한 상식

❶ 红包 (빨간색 봉투)

红包는 축의금이나 세뱃돈, 보너스 등을 줄 때 돈을 넣는 빨간색 봉투를 가리킨다. 빨간색은 활력과 행운을 상징하기 때문에 중국인은 빨간색을 좋아한다.

❷ 八仙 (8선)

八仙은 전설에 나오는 铁拐李Tiě Guǎilǐ, 汉钟离Hàn Zhōnglí, 张果老Zhāng Guǒlǎo, 蓝采和Lán Cǎihé, 何仙姑Hé Xiāngū, 吕洞宾Lǚ Dòngbīn, 韩湘子Hán Xiāngzǐ, 曹国舅Cáo Guójiù'를 가리킨다. 이들 여덟 명의 신선들은 중국 드라마나 영화에 자주 등장한다.

맛있는 단어 Y.u.m.m.y.W.o.r.d.s

- 长辈 zhǎngbèi 명 손윗사람
- 拜年 bàinián 동 세배하다
- 大年三十 dànián sānshí 명 음력 섣달 그믐날
- 叫做 jiàozuò 동 ~라고 부르다(불리다)
- 压岁钱 yāsuìqián 명 세뱃돈
- 关于 guānyú 전 ~에 관해
- 故事 gùshi 명 이야기
- 小妖 xiǎo yāo 명 작은 요괴
- 祟 suì 명 귀신이 사람에게 끼치는 재앙
- 摸 mō 동 쓰다듬다
- 吓 xià 동 놀라다, 놀라게 하다
- 哭起来 kū qǐlái 동 울기 시작하다
- 接着 jiēzhe 부 잇따라
- 发热 fārè 동 열이 나다
- 傻子 shǎzi 명 바보, 천치
- 亮灯 liàng dēng 동 등을 밝히다
- 守 shǒu 동 지키다, 막다
- 枚 méi 양 작은 조각을 세는 단위
- 铜钱 tóngqián 명 동전
- 枕头 zhěntou 명 베개
- 不敢 bùgǎn 동 감히 ~할 엄두가 나지 않다
- 偷偷地 tōutōu de 부 몰래, 살그머니
- 伸手 shēn shǒu 동 손을 뻗다
- 发出 fāchū 동 뿜어내다
- 闪光 shǎnguāng 명 섬광, 반짝이는 불빛
- 逃跑 táopǎo 동 도망가다
- 平安无事 píng'ān wúshì 형 평안하고 무사하다
- 原来 yuánlái 부 알고 보니
- 压住 yāzhù 동 제압하다, 짓누르다
- 保护 bǎohù 동 보호하다
- 谐音 xiéyīn 동 음이 같다

체크체크

Q 보기에 주어진 단어를 이용해 빈칸을 채워 보세요.

> 보기 叫做   摸   偷偷地   逃跑

1. 他已经(　　　)了，快告诉警察。
2. 你们把这个水果(　　　)什么？
3. 他(　　　)拿着我的钱包走了。
4. 他伸手(　　　)我的脸。

본문 내용을 읽은 후, 아래 질문에 답해 보세요.

TEST 1

1. 春节的时候，中国的孩子们向长辈干什么？

① 要钱　　② 做菜　　③ 拜年　　④ 给红包

2. 父母为什么怕"祟"？

① "祟"害孩子。　　② "祟"叫孩子聪明。

③ "祟"给孩子钱。　　④ "祟"很脏。

3. "守岁"是什么意思？

① 大年三十晚上不睡觉。　　② 大年三十晚上跟父母一起睡觉。

③ 春节晚上不睡觉。　　④ 春节早上向长辈拜年。

4. 怎么能吓退"祟"？

① 用白纸包铜钱　　② 用红纸包铜钱

③ 给孩子八张红纸　　④ 给孩子八支铅笔

5. 请选出与上面不同的内容。

① 八枚铜钱是八仙。

② "祟"摸孩子的头，孩子变成傻子。

③ 八仙压住了"祟"，保护孩子。

④ 夫妻俩没告诉别人吓退"祟"的方法。

2 春节的风俗习惯　37

맛있는 표현 Y.u.m.m.y.E.x.p.r.e.s.s.i.o.n

1 关于

> **关于**压岁钱，有一个故事。
> 세뱃돈에 관한 이야기가 있다.

+ 关于는 '~에 관해서'라는 뜻의 전치사이며, 대부분 문장 맨 앞에 쓰인다.

▷ **关于**这件事，你有什么意见吗? (뒤에 명사나 구절이 올 수 있다.)
　이 일에 관해, 당신은 무슨 의견이 있습니까?

▷ **关于**申请签证，您有什么问题吗?

단어 意见 yìjiàn 몡 의견 | 申请 shēnqǐng 동 신청하다 | 签证 qiānzhèng 몡 비자

2 得 de

> 孩子就吓**得**哭起来, …
> 아이는 놀라서 울기 시작하고, …

+ 동사나 형용사 뒤에 得가 쓰이면 정도를 나타내는 표현이 되며, 'A得B' 형식에서 B가 동사나 구절이면 해석은 'A해서 B하다', 혹은 'B할 정도로 A하다'는 뜻이 된다.

▷ 邻居的狗吵**得**我睡不着。
　옆집 개가 시끄러워서 잠이 안 온다.

▷ 累**得**我一动也不能动。 (得 뒤에 구절이 올 수 있다.)

단어 吵 chǎo 형 시끄럽다

3 成

接着头疼发热，变成傻子。

연이어 두통과 발열이 나타나며, 바보가 된다.

➕ 成이 동사 뒤에서 보어로 쓰일 경우 '~가 되다, ~로 바뀌다'라는 결과의 의미를 나타낸다. 뒤에서부터 해석을 하면 문장을 쉽게 이해할 수 있다.

▷ 我想把美元换成人民币。
　　　결과보어 成은 把자문에서 자주 쓰인다.

　나는 달러를 인민폐로 바꾸고 싶습니다.

▷ 他变成了一只牛。
　　　뒤에 了가 올 수 있다.

 해석

4 敢

夫妻俩不敢睡觉。

아빠 엄마는 잠자리에 들 엄두를 내지 못한다.

➕ 敢은 '감히 ~할 수 있다'라는 뜻의 조동사이며, 不敢은 '감히 ~할 엄두가 나지 않다'라는 뜻이다.

▷ 你敢打我吗?

　너 감히 날 때릴 수 있어?

▷ 我不敢在这儿喝酒。

 해석

해석 1. 비자를 신청하는 것에 관해, 무슨 문제가 있으십니까? 2. 난 조금도 움직일 수 없을 정도로 피곤하다.
3. 그는 한 마리 소로 변했다. 4. 난 감히 여기서 술 마실 엄두가 나지 않는다.

TEST 2

Y.u.m.m.y.E.x.p.r.e.s.s.i.o.n

1. 단어를 배열하여 문장을 만들어 보세요.

❶ 비자를 신청하는 것에 관해, 무슨 문제가 있으십니까?

有   您   什么   关于   签证   问题   申请   吗

→ _____

❷ 난 조금도 움직일 수 없을 정도로 피곤하다.

也   一   累   我   得   动   能   动   不

→ _____

❸ 난 감히 여기서 술 마실 엄두가 나지 않는다.

在   酒   不   这儿   我   喝   敢

→ _____

❹ 나는 달러를 인민폐로 바꾸고 싶습니다.

成   想   我   人民币   美元   换   把

→ _____

❺ 이 일에 관해, 당신은 무슨 의견이 있습니까?

这   关于   件   意见   事   你   什么   吗   有

→ _____

2. 다음 문장들을 본문 내용에 따라 순서에 맞게 배열하고 번역하세요.

> a. 他们就把八枚铜钱用红纸包着放在孩子的枕头下边
> b. 到了大年三十晚上，他们怕"祟"来害孩子
> c. 原来八枚铜钱是八仙变的，他们出来压住"祟"，保护孩子
> d. 有一家夫妻俩老年生了个儿子，非常爱他
> e. 半夜里"祟"进来，摸孩子的头的时候，枕头边就发出闪光，吓得"祟"逃跑了

☐ → ☐ → ☐ → ☐ → ☐

번역
→ _____
_____
_____
_____

3. 우리말 문장에 맞도록 중국어로 쓰세요. 문장 확장 연습

① 부부는 알려 줬다.
→ _____

② 부부는 사람들에게 알려 줬다.
→ _____

③ 부부는 '쑤이'를 놀라게 해서 쫓아낼 수 있다고 사람들에게 알려 줬다.
→ _____

④ 부부는 빨간 종이로 동전 여덟 개를 싸면 '쑤이'를 놀라게 해서 쫓아낼 수 있다고 사람들에게 알려 줬다.
→ _____

福倒了？福到了！ (복이 뒤집혔다? 복이 도착했다!)

小王 : 喂！你家门上的福倒了。

小张 : 是啊！我家福到了。

有鱼？有余！ (물고기가 있다? 여유가 있다!)

小王 : 哇！有这么多鱼！

小张 : 我家年年有余！

▼ 직접 해석해 보고, 모범 해석 확인 후 다시 읽어 보세요.

年年 nián nián 명 매년 | 有余 yǒu yú 동 여유가 있다

3과 여행일기
旅游日记

독해
+ 제주도 여행일기
+ 여행일정

맛있는 표현
1 差点
2 没想到
3 似的
4 幸好

중국인이 선호하는 여행지, 제주도(济州岛)

중국인들이 많이 찾는 한국의 여행지 중의 하나가 제주도입니다. 제주도는 드라마 〈대장금〉의 촬영지로 중국인들에게도 많이 알려졌을 뿐만 아니라, 무비자 입국이 가능한 곳이어서 중국 단체 여행객들이 많이 찾고 있습니다. 중국인의 여행일기를 보면서 중국인의 관점에서 보고, 듣고, 느낀 점을 알아보는 것도 중국어 학습에 도움이 될 것입니다. 여행일기를 제대로 독해하려면 시간의 흐름 및 장소에 대한 특징을 잘 파악해야 합니다. 이번 과에서는 문장을 연결하는 접속사와 부사에 주의하며 여행일기를 읽어 봅시다.

菜花 càihuā (유채꽃)

石头老人 Shítou lǎorén (돌하르방)

미리 맛보기 - 문장 감각 익히기 ③

1 접속사를 중심으로 앞뒤 문맥을 파악한다.

> 역접관계를 나타내는 접속사
> 这里的山虽然没有中国的山那么高那么大，但是也有它独特的魅力。
> 여기의 산은 비록 중국의 산처럼 그렇게 높거나 크지는 않지만, 그만의 독특한 매력이 있다.

> 예 인과관계를 나타내는 접속사
> 因为各种小菜都是可以无限量加的，所以我们一个个都吃到撑。
> 모든 반찬을 무한 추가할 수 있어서, 우리들은 모두 배가 터질 때까지 먹었다.

2 문장을 연결해 주는 부사를 파악한다.

> 又…又… ~하기도 하고 ~하기도 하다
> 街上又干净又舒服，人们还很热情。
> 거리가 깨끗하고 쾌적하며, 사람들도 아주 친절하다.
> 还는 문장을 연결하는 부사 중에서 맨 끝에 위치한다.

> 예 可以坐地铁，也可以坐公共汽车，还可以坐出租车。
> 전철을 탈 수 있고, 버스도 탈 수 있으며 또한 택시도 탈 수 있다.

3 단어의 여러 쓰임을 구별한다.

> 뒤에 작은 물건이 나오면 '싸다, 포장하다'의 의미이다.
> 我们去餐厅吃了包饭。
> 우리는 식당에 가서 쌈밥을 먹었다.
> 뒤에 버스, 호텔방 등이 나오면 '전세 내다, 대절하다'의 의미이다.
> 我们包的大巴已经安全地到达。
> 우리가 대절한 버스는 이미 안전하게 도착했다.

> 예 我们包了一台出租车。
> 우리는 택시 한 대를 대절했다.

济州岛旅游日记

7月 28日

　　暑假到了，我们计划去韩国的济州岛旅行。一大早我们兴奋地带着行李，打的去机场。在机场办完手续后，我们去免税店逛了逛，还差点迟到了。

　　坐了三个小时飞机后，我们平安地到达了济州岛。济州岛给我们的第一印象是街上又干净又舒服，人们还很热情。我们先到达了导游帮我们预定的度假村，没想到我们的房间这么漂亮，而且打开窗户还可以看到大海，好像电影里的别墅似的。到了中午，导游带我们去一家餐厅，吃了济州岛的特色菜—海鲜汤，味道还不错。吃完午饭，我们去参观了"天帝渊瀑布"。❶《大长今》的男女主角相爱与离别场面就是在这里拍的，我和男朋友，也在这儿拍照留念了。

　　接着我们去了"城山日出峰"，这里的山虽然没有中国的山那么高那么大，但是也有它独特的魅力，吹着海风，看着远处的船，真是舒服极了。听导游说，济州岛有"三多"，石头多、海风多、女人多。果然路上有很多石头老人，也有很大的海风，导游又指着海边说，"看，她们就是济州岛的海女们。"这"三多"真是很独特。

　　到了晚上，我们去餐厅吃了❷包饭，这包饭就是用生菜叶子包上烤肉片、泡菜、米饭、大酱一口吃下去，如果分几口吃的话，里面的汁会流出来。因为各种小菜都是可以无限量加的，所以我们一个个都吃到撑。

　　回度假村的时候，突然下起了大雨，幸好我们包的大巴已经安全地到达，要不然我们真担心路上的安全。

　　虽然今天的日程比较繁忙，但因为可以看到济州的美丽景点，也可以享受美食，我们觉得十分满意。

알아두면 유용한 상식

❶ 大长今 (대장금)

〈大长今〉은 중국에서 한국드라마열풍을 일으켰던 사극이다. 특히 장금이 와한상궁, 민정호 등의 등장인물이 제주도에서 찍은 장면이 많았기 때문에, 중국인들이 제주도에 가면 대부분 대장금 코스를 꼭 돌아본다고 한다.

❷ 包饭 (쌈밥)

상추나 배추로 싼 쌈밥은 生菜包饭 shēngcài bāofàn, 김밥은 紫菜包饭 zǐcài bāofàn이다.

맛있는 단어
Y.u.m.m.y.W.o.r.d.s

- 济州岛 Jìzhōudǎo [지명] 제주도
- 一大早 yídàzǎo [명] 아침 일찍
- 兴奋 xīngfèn [형] 흥분하다
- 差点 chàdiǎn [부] 하마터면, 자칫하면
- 印象 yìnxiàng [명] 인상
- 到达 dàodá [동] 도착하다
- 导游 dǎoyóu [명] 가이드
- 预定 yùdìng [동] 예약하다
- 度假村 dùjiàcūn [명] 펜션
- 没想到 méi xiǎngdào [동] 생각도 못하다
- 别墅 biéshù [명] 별장
- 似的 shìde [조] ~와 같다
- 海鲜汤 hǎixiāntāng [명] 해물탕
- 天帝渊瀑布 Tiāndìyuān pùbù [지명] 천지연 폭포
- 主角 zhǔjué [명] 주연
- 留念 liúniàn [동] 기념으로 남기다
- 拍照 pāizhào [동] 사진을 찍다

- 城山日出峰 Chéngshānrìchūfēng [지명] 성산일출봉
- 独特 dútè [형] 독특하다
- 魅力 mèilì [명] 매력
- 远处 yuǎnchù [명] 먼 곳
- 果然 guǒrán [부] 과연
- 指 zhǐ [동] 가리키다
- 生菜叶子 shēngcài yèzi [명] 채소 잎
- 大酱 dàjiàng [명] 된장
- 无限量加 wú xiànliàng jiā 무한 추가하다
- 吃到撑 chīdàochēng [동] 배가 터질 정도로 먹다
- 突然 tūrán [부] 갑자기
- 幸好 xìnghǎo [부] 다행히
- 包 bāo [동] 싸다, 대절하다
- 大巴 dàbā [명] 버스
- 要不然 yàoburán [접] 그렇지 않으면
- 日程 rìchéng [명] 일정
- 繁忙 fánmáng [형] 바쁘다
- 景点 jǐngdiǎn [명] 명승지

체크체크

Q 보기에 주어진 단어를 이용해 빈칸을 채워 보세요.

| 보기 | 留念 主角 预定 拍照 果然 |

1. 请你帮我（　　）一个房间。
2. 人人都说你的菜最好吃，（　　）说得不错。
3. 他是这部电影的男（　　）。
4. 我想在这儿跟你（　　）（　　）。

TEST 1

본문 내용을 읽은 후, 아래 질문에 답해 보세요.

1. 他们什么时候去济州岛旅游？

　　❶ 春天　　❷ 夏天　　❸ 秋天　　❹ 冬天

2. 下面哪一个不是他们去的地方？

　　❶ 机场　　❷ 天帝渊瀑布　　❸ 城山日出峰　　❹ 饭店

3. "城山日出峰"是什么样的地方？

　　❶ 是在韩国最高的山

　　❷ 像中国的山那么大

　　❸ 有独特的魅力

　　❹ 跟别的山一样

4. 他们晚上吃的是什么？

　　❶ 包饭　　❷ 紫菜包饭　　❸ 海鲜汤　　❹ 生鱼片

5. 请选出与上面不同的内容。

　　❶ 他们住的度假村很漂亮。

　　❷ 他们跟大长今的主角一起拍照留念。

　　❸ 导游帮他们预订度假村。

　　❹ 他们对今天的日程十分满意。

맛있는 표현
Y.u.m.m.y.E.x.p.r.e.s.s.i.o.n

1 差点

> 在机场办完手续后，我们去免税店逛了逛，还差点迟到了。
> 공항에서 수속을 마친 후, 우리는 면세점에 가서 쇼핑을 좀 했는데, 하마터면 지각할 뻔했다.

➕ 差点은 '하마터면 ～할 뻔하다'라는 뜻의 부사이며, 뒤에는 대부분 발생할 뻔한 일의 과거형이나 과거부정형이 오는데, 의미는 똑같다.

▷ 我差点忘了女朋友的生日。
  〔差点 뒤에는 대부분 부정적인 어감의 동사가 쓰인다.〕

  난 하마터면 여자친구의 생일을 잊어버릴 뻔했다.

▷ 我差点没跌倒。
  〔부정적인 어감〕

단어 跌倒 diēdǎo 동 넘어지다

2 没想到

> …，没想到我们的房间这么漂亮，…
> …, 우리 방이 이렇게 예쁠 거라고 생각도 못했는데, …

➕ 没想到는 '～까지 생각이 미치지 못하다, ～라고는 생각도 못하다, 뜻밖에 ～하다'라는 뜻으로 쓰인다.

▷ 没想到她这么漂亮。

  그녀가 이렇게 예쁘리라고는 생각도 못했다.

▷ 做梦也没想到她会喜欢老师。
  〔做梦也를 앞에 쓰면 의외의 느낌을 훨씬 강조할 수 있다.〕

단어 做梦 zuòmèng 동 꿈 꾸다

3 似的

> …，而且打开窗户还可以看到大海，好像电影里的别墅似的。
>
> …, 게다가 창문을 열면 바다를 볼 수도 있어서, 마치 영화 속의 별장 같았다.

➕ 似的는 명사, 대명사, 동사, 형용사 뒤에서 '~ 같다'라는 의미로 쓰이며, 때에 따라 像이나 好像이 앞에 올 수도 있다.

▷ 他像军人似的穿上了军服。
  그는 마치 군인처럼 군복을 입었다.

▷ 她好像生病了似的躺在床上。

단어 军服 jūnfú 명 군복 | 躺 tǎng 동 눕다

4 幸好

> …，幸好我们包的大巴已经安全地到达，要不然…
>
> …, 다행히 우리가 대절한 버스가 이미 안전하게 도착했기에 망정이지, 그렇지 않았으면…

➕ 幸好는 '다행히'라는 뜻으로, 뒤에 접속사 要不然(그렇지 않으면)이 함께 쓰이면 '~했기에 망정이지, 그렇지 않았으면 ~'이라는 뜻이 된다.

▷ 今天没带钥匙，幸好妈妈在家。 (要不然이 없으면, 문장 중간에 잘 쓰임)
  오늘 열쇠를 안 가져왔는데, 다행히 엄마가 집에 계셨다.

▷ 幸好你帮我，要不然我做不完作业。 (뒤에 要不然이 나오면 幸好는 문장 앞에서 잘 쓰인다.)

단어 钥匙 yàoshi 명 열쇠

해석 1. 난 하마터면 넘어질 뻔했다. 2. 그녀가 선생님을 좋아하리라곤 꿈에서 조차 생각 못했다.
3. 그녀는 마치 병이 난 것처럼 침대에 누워 있다. 4. 네가 도와줬기에 망정이지, 그렇지 않았으면 난 숙제를 끝낼 수 없었다.

TEST 2

Yummy Expression

1. 단어를 배열하여 문장을 만들어 보세요.

❶ 난 하마터면 여자친구의 생일을 잊어버릴 뻔했다.

忘　我　生日　差点　了　的　女朋友

➡ _____

❷ 그녀가 선생님을 좋아하리라곤 꿈에서 조차 생각 못했다.

老师　也　没想到　喜欢　她　会　做梦

➡ _____

❸ 그녀는 마치 병이 난 것처럼 침대에 누워 있다.

好像　床上　了　似的　在　她　躺　生病

➡ _____

❹ 오늘 열쇠를 안 가져왔는데, 다행히 엄마가 집에 계셨다.

妈妈　家　没　带　幸好　在　今天　钥匙

➡ _____

❺ 네가 도와줬기에 망정이지, 그렇지 않았으면 숙제를 끝낼 수 없었다.

做不完　幸好　我　我　作业　你　要不然　帮

➡ _____

2. 다음 문장들을 본문 내용에 따라 순서에 맞게 배열하고 번역하세요.

> a. 在机场办完手续后，我们去免税店逛了逛，还差点迟到了
> b. 我们先到达了导游帮我们预定的度假村，没想到我们的房间这么漂亮
> c. 导游带我们去一家餐厅，吃了济州岛的特色菜，海鲜汤
> d. 坐了三个小时飞机后，我们平安地到达了济州岛
> e. 一大早我们兴奋地带着行李，打的去机场

☐ → ☐ → ☐ → ☐ → ☐

번역
→ _____
_____
_____
_____
_____

3. 우리말 문장에 맞도록 중국어로 쓰세요. 문장 확장 연습

❶ 생각도 못했다.

→ _____

❷ 우리 방이 이렇게 예쁘리라고는 생각도 못했다.

→ _____

❸ 우리 방이 이렇게 예쁘리라고는 생각도 못했는데, 게다가 바다를 볼 수도 있다.

→ _____

❹ 우리 방이 이렇게 예쁘리라고는 생각도 못했는데, 게다가 창문을 열면 바다를 볼 수도 있다.

→ _____

旅游行程 (여행 일정)

欢迎你们来美丽的北京，首家推出 "皇城之旅"

北京三日游——详细行程

第一天：接站 → 入住酒店 → 王府井 → 自由活动

第二天：颐和园 → 八达岭长城 → 东华门夜市

第三天：天安门广场 → 故宫 → 天坛 → 送站

▼ 직접 해석해 보고, 모범 해석 확인 후 다시 읽어 보세요.

단어
首家 shǒujiā 처음으로(업계 최초로) | 推出 tuīchū 동 출시하다 | 皇城 huángchéng 명 황제의 성 | 详细 xiángxi 형 상세하다 | 行程 xíngchéng 명 일정 | 接站 jiē zhàn 동 역으로 마중 나가다 | 八达岭 Bādálǐng 지명 팔달령 | 东华门 dōnghuámén 명 동화문 | 夜市 yèshì 명 야시장 | 天坛 Tiāntán 명 티엔탄 | 送站 sòngzhàn 동 역까지 배웅하다

4과 다이어트

减肥

독해
- 다이어트 체험담 (80kg에서 50kg으로)
- 다이어트 광고

맛있는 표현
1. 连
2. 穿不下
3. 不管
4. 经过

다이어트와 S라인, 식스팩

중국에서도 한국과 마찬가지로 다이어트는 언제나 사람들 관심의 중심에 있습니다. 최근에는 S线(S라인)이나 腹部的六块肌肉(식스팩)을 만들기 위해 많은 사람들이 다이어트와 塑形(몸 만들기)를 하고 있는데, 인터넷 상에 자신의 다이어트 체험담과 효과적인 운동법을 소개하기도 합니다. 사람들의 다이어트에 대한 인식이 변하고 방법도 다양해지면서, 운동요법과 식이요법을 병행하는 등 예전보다 체계적인 다이어트 계획이 각광을 받고 있습니다. 이번 과에서는 다이어트 체험담을 읽으면서 다이어트를 한 이유, 과정, 결과 등을 파악하고, 관련 어휘를 알아봅시다.

瑜伽(요가)

腹部的六块肌肉(식스팩)

미리 맛보기 – 문장 감각 익히기 ④

1 긴 문장은 문장의 핵심이 되는 동사를 찾아 끊어서 해석한다.

> 我相信 / 你的体力和耐力也一定会增强不少。
> 저는 당신의 체력과 인내심도 분명 많이 강화될 거라고 믿습니다.

感觉, 估计, 相信과 같은 동사는 뒤에 절이 올 수 있으므로 끊어서 해석한다.

> **예** 感觉 / 还是很有效果的。
> 역시 아주 효과가 있다고 생각합니다.

2 접속사를 중심으로 문장을 파악한다.

> 조건관계에서 只有와 호응하는 부사
> 这种滋味只有你试过才知道。
> 이런 느낌은 당신이 직접 해봐야 알 수 있습니다.
> 조건관계를 나타내는 접속사
> 脸胖得都没人样了，因此男朋友也离开了我。
> 얼굴에 살이 쪄서 정말 말이 아니었습니다. 그래서 남자친구도 저를 떠났습니다.
> 인과관계를 나타내는 접속사

접속사가 있는 문장은 접속사를 먼저 파악하여 앞뒤 구절의 관계를 이해한다.

3 비슷한 의미의 부사는 쓰임새를 구분하여 알아둔다.

> 我又有了交朋友的自信心。
> 저는 친구를 사귈 자신감이 다시 생겼습니다.
> 반복이 이미 실현된 상황(과거)에 쓴다.
>
> 明天再来我家吧。
> 내일 또 우리 집에 오세요.
> 미래의 반복을 나타내거나, 또는 형용사와 함께 쓰여 '더'라는 의미로 쓴다.

减肥心得体会

从160斤到100斤！

下决心减肥！

　　我去年最胖的时候❶160斤，连裤子都穿不下，到夏天穿裙子时，还被别人笑我是❷大象腿。脸胖得都没人样了，因此男朋友也离开了我。每个人见到我的时候都劝我减肥，我真的受不了！

　　有一天我看电视的时候，看到一个减肥成功者的心得，就下决心减肥了。

减肥方法：

　　减肥没有我想象的那么容易，在半年时间里，我每天跳绳2000下以上，跑步20分钟。这真是让人很痛苦。

　　运动了三个月后，从160斤减到130斤，现在又减到100斤，感觉还是很有效果的。

　　我的方法很简单。一开始是每天跳绳2000下以上，感觉可以适应后，就一点点加大运动量，跳完绳后开始跑步。每天跑步20分钟！❸不管天再冷，风再大，或是下小雨都没有停过。

心得体会：

  我的感受是，痛苦并快乐着。要问怎么减肥？哎！这种滋味只有你试过才知道。经过半年的努力总算有了回报，现在是100斤，估计月底就会减到90斤了，我又有了交朋友的自信心，大家为我加油吧！

  用坚持运动的方法，每天跳绳2000下，跑步20分钟，确实会很辛苦，但这样运动半年下来，不仅体重会下降了，相信你的体力和耐力也一定会增强不少。

알아두면 유용한 상식

❶ 160斤 (160근)
중국에서는 무게를 잴 때 kg(公斤) 대신 근을 나타내는 斤을 많이 사용한다. 2斤이 1公斤이므로 160斤은 80kg이다.

❷ 大象腿 (코끼리 다리)
두꺼운 다리를 가리킬 때 萝卜腿(무다리)라고 하는데, 이보다 더 두꺼운 다리는 大象腿라고 한다.

맛있는 단어

Yummy Words

- 心得体会 xīndé tǐhuì 명 체험소감
- 下决心 xià juéxīn 동 결심하다
- 大象 dàxiàng 명 코끼리
- 腿 tuǐ 명 다리
- 人样 rényàng 명 사람의 형상(모양)
- 离开 líkāi 동 떠나다
- 劝 quàn 동 권유하다
- 跳绳 tiào shéng 명 동 줄넘기(하다)
- 下 xià 양 동작의 횟수를 나타내는 단위
- 效果 xiàoguǒ 명 효과
- 适应 shìyìng 동 적응하다
- 加大 jiādà 동 늘리다, 확대하다
- 不管 bùguǎn 접 ~를 막론하고
- 滋味 zīwèi 명 맛, 심정
- 试过 shìguò 동 시도해 본 적이 있다
- 经过 jīngguò 동 통과하다, 거치다
- 付出 fùchū 동 지불하다
- 总算 zǒngsuàn 부 간신히, 마침내
- 回报 huíbào 동 보답하다
- 估计 gūjì 동 짐작하다, 어림잡다
- 坚持 jiānchí 동 견지하다
- 确实 quèshí 부 확실히
- 下降 xiàjiàng 동 떨어지다, 내려가다
- 耐力 nàilì 명 인내심
- 增强 zēngqiáng 동 강화하다

체크체크

Q 보기에 주어진 단어를 이용해 빈칸을 채워 보세요.

보기 下决心   适应   离开   劝   估计

1. 医生 (　　) 我别喝酒。
2. 这儿太热，而且常常下雨，真 (　　) 不了。
3. 我 (　　) 他们俩已经到了。
4. 我 (　　) 明天就 (　　) 韩国。

본문 내용을 읽은 후, 아래 질문에 답해 보세요.

1. 她以前的体重是多少？

　　① 160公斤　　② 160斤　　③ 100公斤　　④ 100斤

2. 她到现在减了多少？

　　① 30公斤　　② 30斤　　③ 60公斤　　④ 不知道

3. 下面哪一个不是她下决心减肥的原因？

　　① 男朋友离开她。

　　② 人们笑她是大象腿。

　　③ 每个人都劝她减肥。

　　④ 看到她朋友减肥成功。

4. 她坚持了多长时间的运动？

　　① 一年　　② 半年　　③ 三个月　　④ 一个月

5. 请选出与上面不同的内容。

　　① 她每天跳绳2000下以上，跑步20分钟。

　　② 减肥没有想象的那么容易。

　　③ 减肥的痛苦人人都知道。

　　④ 她估计月底会减到90斤。

맛있는 표현 Yummy.Expression

> 我去年最胖的时候160斤，连裤子都穿不下。
> 제가 작년에 가장 뚱뚱했을 때 80kg이었는데, 바지조차도 입을 수가 없었습니다.

1 连

+ 连은 '~조차도'라는 뜻의 전치사로 뒤에는 也나 都가 호응하여 쓰인다.

▷ 你连这个问题也不知道吗?
　넌 이 문제도 모르니?

　　　　　　　连 뒤에는 동작이나 구절도 나올 수 있다.
▷ 我连看电影 都不感兴趣。

2 穿不下

+ 동사 뒤에 가능을 나타내는 보어 得下나 不下가 나오면, 그 동작을 수용할 공간이 있는지 또는 없는지를 나타내는 표현으로 쓰일 수 있다.

　　　　　　　　　　　뒤에 수량을 나타내는 목적어가 올 수 있다.
▷ 这个教室坐不下这么多的学生。
　이 교실은 이렇게 많은 학생이 앉을 수 없어요.

▷ 车里装得下我的行李吗?

단어　装 zhuāng 동 싣다

3 不管

> **不管**天再冷，风再大，或是下小雨都没有停过。
>
> 날씨가 더 춥든, 바람이 더 세게 불든, 혹은 가랑비가 내리든 상관없이 운동을 거른 적이 없습니다.

+ 不管은 '~를 막론하고, ~와는 상관없이'라는 의미로 쓰인다. 不管 뒤에는 의문문 형태나 대조, 나열 등의 표현이 오며, 都가 호응하여 쓰인다.

주어는 不管 뒤에 나온다.

▷ **不管**你是谁，**都**要遵守法律。

  당신이 누구든 간에 법을 지켜야 합니다.

▷ **不管**便宜不便宜，**都**要买。

[단어] 遵守 zūnshǒu 동 준수하다 | 法律 fǎlǜ 명 법률

4 经过

> **经过**半年的努力总算有了回报，现在是100斤。
>
> 반 년간의 노력을 거쳐 마침내 결실을 얻었는데, 현재는 50kg입니다.

+ 经过는 '경과하다, 통과하다'는 의미로써 어떤 과정이나 경험을 통해 결과가 나타났다는 것을 강조할 때 쓰인다. 뒤에는 명사나 동사, 구절 등이 올 수 있다.

주어 앞에 쓰여서 강조를 나타낸다.

▷ **经过**这件事，我们更理解他了。

  이 일을 겪고, 우리는 그를 더 이해하게 되었다.

▷ 我们**经过**参加这次比赛更团结一致了。

[단어] 理解 lǐjiě 동 이해하다 | 团结一致 tuánjié yízhì 동 일치단결하다

[해석] 1. 난 영화를 보는 것조차도 흥미를 못 느낀다. 2. 차 안에 제 짐을 실을 수 있습니까?
3. 싸든 안 싸든 상관없이 살 겁니다. 4. 우리는 이번 경기에 참가하면서 더 일치단결하게 되었다.

4 减肥　63

TEST 2

1. 단어를 배열하여 문장을 만들어 보세요.

❶ 이 교실은 이렇게 많은 학생이 앉을 수 없어요.

坐　这个　不下　这么　学生　教室　多　的

→ _____

❷ 당신이 누구든 간에 법을 지켜야 합니다.

要　你　不管　法律　是　都　遵守　谁

→ _____

❸ 이 일을 겪고, 우리는 그를 더 이해하게 되었다.

他　事　更　我们　理解　件　了　这　经过

→ _____

❹ 우리는 이번 경기에 참가하면서 더 일치단결하게 되었다.

这　更　比赛　我们　次　经过　团结一致　了　参加

→ _____

❺ 넌 이 문제도 모르니?

连　不　你　问题　知道　吗　这个　也

→ _____

2. 다음 문장들을 본문 내용에 따라 순서에 맞게 배열하고 번역하세요.

> a. 运动了三个月后，从160斤减到130斤，现在又减到100斤
> b. 有一天我看电视的时候，看到一个减肥成功者的心得，就下决心减肥了
> c. 估计月底就会减到90斤了，我又有了交朋友的自信心，大家为我加油吧!
> d. 每个人见到我的时候都劝我减肥，我真的受不了!
> e. 在半年时间里，我每天跳绳2000下以上，跑步20分钟

□ → □ → □ → □ → □

번역
→ _____

3. 우리말 문장에 맞도록 중국어로 쓰세요. 문장 확장 연습

❶ 우리는 참가한다.
→ _____

❷ 우리는 이번 경기에 참가한다.
→ _____

❸ 우리는 이번 경기에 참가하면서 일치단결하게 되었다.
→ _____

❹ 우리는 이번 경기에 참가하면서 더 일치단결하게 되었다.
→ _____

减肥广告 (다이어트 광고)

21天瘦身计划

签约减肥，无效退款！

物理瘦身按摩，

不打针！不吃药！不反弹！

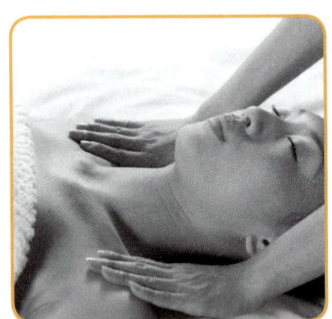 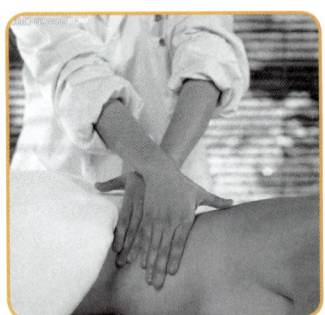

▼ 직접 해석해 보고, 모범 해석 확인 후 다시 읽어 보세요.

단어   瘦身 shòushēn 통 살을 빼다 | 签约 qiānyuē 통 계약하다 | 无效 wúxiào 통 효과가 없다 |
退款 tuìkuǎn 통 환불하다 | 物理 wùlǐ 명 물리 | 按摩 ànmó 통 안마하다 | 打针 dǎzhēn 통 주사 맞다 |
反弹 fǎntán 통 원래대로 돌아오다

5과 사랑
爱情

독해
- 신세대의 좋은 남자
- 여자가 남자에게 헤어지자고 말하는 이유

맛있는 표현
1. 弄
2. 而是
3. 只是
4. 乱

新好男人 (신세대의 좋은 남자)

　　요즘 중국에서는 강인하고 주관이 강한 전통적인 남성보다는 부드럽고 이해심 많으며 자상한 남성이 좋은 남성상으로 꼽히고 있습니다. 중국의 신세대 여성이라면 한번쯤 꿈꾸는 멋진 남자, 여자의 마음을 얻고 싶은 남자라면 되어야 할 남자가 바로 新好男人입니다. 이번 과에서는 위치에 따라서 의미가 달라질 수 있는 부정부사와 문장의 반전을 나타내는 표현을 배우고, 아내의 남편에 대한 믿음과 사랑이 담겨 있는 글을 읽어 봅시다.

新好男人은 집안일과 육아도 잘 하는 자상한 남성이다.

〈新好男人〉, 싱가포르 드라마
남녀의 감정세계를 묘사한 싱가포르의 트렌디 드라마 〈新好男人〉이 중국에서 많은 인기를 얻었다.

미리 맛보기 – 문장 감각 익히기 ⑤

1 부정부사의 위치를 파악한다.

> 不能이 뒷부분 전체 내용을 부정한다.
> 他**不能**每一顿都请我去高级餐厅。
> 그는 매번 식사 때마다 나를 고급식당에 데려갈 수는 없다.
>
> 만약에 不가 乱 앞에 쓰였다면 '다른 사람처럼 함부로 승낙하지 않는다'는 의미가 된다.
> 他**不**像别人一样乱承诺。
> 그는 다른 사람과는 달리 함부로 약속하지 않는다.

예 他在这儿**不**学习。
그는 여기에서는 공부를 하지 않는다.
만약에 不가 在 앞에 쓰였다면, 뒷부분 전체 내용을 부정하여 '다른 곳에 있다'는 의미가 된다.

2 단어의 여러 쓰임을 구별한다.

> 让의 바로 뒤에 给가 나오면 '양보하다'의 의미이다.
> 他每次都把好吃的**让给**我。
> 그는 매번 맛있는 것을 나에게 양보한다.
>
> 让의 바로 뒤에 사람(대상)이 있으면 '~가 ~하게 하다'의 의미이다. (사역의 의미)
> **让**我过得更好
> 내가 더 잘 지낼 수 있도록 해주다

~가 ~하게 하다 / 양보하다
예 老师**让**我把位子**让给**老人。
선생님께서 저한테 어르신께 자리를 양보하라고 하셨어요.

3 반전을 나타내는 표현을 파악한다.

> **其实**她们不知道。
> 사실 그녀들은 모른다.
>
> **原来**那时他也很紧张。
> 알고 보니 그때 그도 아주 긴장했었다.

예 **其实**我们都知道他喜欢老师。
사실 우리는 모두 그가 선생님을 좋아한다는 걸 알고 있다.

❶新好男人

　　我的丈夫是个标准的新好男人。他不是有钱人，但他是❷出得厅堂，入得厨房的好男人。虽然他不能每一顿都请我去高级餐厅，但是他每次都把好吃的让给我。

　　我的朋友们说他好像没有野心，觉得他很平凡。其实她们不知道，他一直想着怎样让我过得更好，并且他做得还不错。

　　有一天我不小心弄伤自己的时候，他一点儿也不惊慌失措，而是一直告诉我"没事的，没事的……"后来我才知道，原来那时他也很紧张，只是他怕我知道。

　　我记得第一次见到他家人的时候，他家人就对我的印象特别好，那是因为他天天在家称赞我。

　　我在公司里受委屈的时候，就想起他，然后打电话给他一边哭一边说心里话，他就安静地听我说，安慰我。

结婚前他不像别人一样乱承诺，他说因为害怕自己可能做不到，当时我很失望，后来我冷静下来，发现他过去承诺过的事情，都做到了。他结婚那一天承诺爱我一辈子，我相信他能做到。

这样看来他真是爱我，能理解我。我相信有一天我们遇到危险，他能保护我，如果必须选择，他一定会为我舍弃生命。

알아두면 유용한 상식

❶ 新好男人 (신세대의 좋은 남자)

新好男人은 현대 중국사회에서 여성들에게 가장 사랑받는 남자이다. 감성적이며 부드럽고, 여성을 이해할 줄 아는 따뜻한 남자를 가리킨다.

❷ 出得厅堂，入得厨房
(어디에 내놔도 빠지지 않고, 집에서는 살림도 잘한다)

厅堂 tīngtáng이란 손님을 맞이하는 응접실이나 대청을 말하는데, 出得厅堂이란 손님을 맞을 만한 기품이 있다는 뜻이다. 반대로 入得厨房이란 주방에 들어가 일할 수 있다는 의미이다. 원래 의미는 안에서는 성실하고 밖에서는 기품 있는 완벽한 여자를 말하는데, 최근에는 좋은 남자의 표준으로 여겨지고 있다.

맛있는 단어 Y.u.m.m.y.W.o.r.d.s

- 标准 biāozhǔn 형 표준적인
- 顿 dùn 양 끼(식사를 세는 단위)
- 野心 yěxīn 명 야심
- 平凡 píngfán 형 평범하다
- 弄伤 nòngshāng 동 다치게 하다
- 惊慌失措 jīnghuāng shīcuò 성 놀라 어쩔 줄 모르다
- 而是 érshì 접 (~가 아니고) 바로 ~이다
- 后来 hòulái 명 그 후, 훗날
- 原来 yuánlái 부 알고 보니
- 只是 zhǐshì 부 단지
- 怕 pà 동 두려워하다, 걱정하다
- 记得 jìdé 동 기억하고 있다
- 印象 yìnxiàng 명 인상
- 称赞 chēngzàn 명 칭찬
- 委屈 wěiqū 명 억울함
- 然后 ránhòu 접 그 다음에
- 安静 ānjìng 형 조용하다, 안정되다
- 安慰 ānwèi 동 위로하다
- 乱 luàn 부 함부로, 제멋대로
- 承诺 chéngnuò 동 약속하다
- 失望 shīwàng 동 실망하다
- 冷静 lěngjìng 형 냉정하다
- 一辈子 yíbèizi 명 평생
- 遇到 yùdào 동 부닥치다
- 危险 wēixiǎn 명 위험
- 必须 bìxū 부 반드시 ~해야 한다
- 选择 xuǎnzé 동 선택하다
- 舍弃 shěqì 동 버리다

체크체크

Q 보기에 주어진 단어를 이용해 빈칸을 채워 보세요.

보기: 弄伤   记得   原来   失望   后来

1. (   ) 是你呀!
2. 他扔石头(   ) 了我的小狗。
3. (   ) 他们俩结婚了。
4. 我还(   ) 当时他很(   )。

본문 내용을 읽은 후, 아래 질문에 답해 보세요.

1. 她的丈夫是什么样的人？

① 坏男人　　② 有钱人　　③ 新好男人　　④ 传统的好男人

2. 她丈夫的家人为什么对她的印象很好？

① 她很漂亮。　　② 她丈夫称赞她。

③ 她有钱。　　④ 她送了礼物。

3. 她为什么失望？

① 她丈夫没有钱。

② 她丈夫不爱她。

③ 结婚前他们吵架了。

④ 丈夫没给她很多承诺 。

4. 如果她遇到危险，她丈夫会怎么样？

① 会保护她　　② 会离开她　　③ 会逃走　　④ 会舍弃她

5. 请选出与上面不同的内容。

① 她受伤的时候，原来丈夫也很紧张。

② 朋友们都不知道她丈夫多爱她。

③ 她丈夫承诺过的事情都做不到。

④ 她受委屈的时候，她丈夫听她说，安慰她。

맛있는 표현
Y.u.m.m.y.E.x.p.r.e.s.s.i.o.n

1 弄

有一天我不小心**弄**伤自己的时候，…

어느 날 내가 실수로 다쳤을 때, …

+ 弄은 '하다, 만들다'라는 의미의 동사로, 弄의 뒤에는 주로 错 cuò(틀리다), 脏 zāng(더럽다), 坏 huài(고장 나다), 伤 shāng(상하다) 등의 부정적인 어감의 단어가 나온다.

▷ 她把我的衣服**弄**脏了。
　　　　　　　　　└ 더럽히다
　그녀가 내 옷을 더럽혔어요.

▷ 你弟弟**弄**坏了我的电脑。
　　　　　└ 고장내다

해석

2 而是

他一点儿也不惊慌失措，**而是**一直告诉我"没事的，没事的……"

그는 조금도 당황하지 않고, 줄곧 나에게 "괜찮아, 괜찮아"라고 말했다.

+ 而是는 앞에 不 혹은 不是 등의 부정표현과 함께 쓰여 '~가 아니고 ~이다'라는 뜻으로 쓰인다.

▷ 这不是你的错，**而是**我的错。
　이건 당신의 잘못이 아니라 제 잘못입니다.

▷ 他不爱你，**而是**爱你的钱。

해석

3 只是

…，原来那时他也很紧张，只是他怕我知道。

…, 알고 보니 그때 그도 아주 긴장을 했지만, 단지 그는 내가 알까 봐 걱정했다.

➕ 只是는 '단지, 오직'이라는 뜻으로 뒤에는 而已(~일 뿐이다)가 함께 쓰일 수도 있다.

▷ 他只是孩子而已，不要那样骂他。 〈조사. '~일 뿐이다'. 只是와 호응〉

그 애는 그저 아이일 뿐이니, 그 애를 그렇게 혼내지 마세요.

▷ 我只是告诉她这件事，她就生我的气了。 〈只是 뒤에는 동사나 구절이 올 수 있다.〉

해석

4 乱

结婚前他不像别人一样乱承诺，…

결혼 전에 그는 다른 사람들과는 달리 함부로 약속을 하지 않았는데,…

➕ 乱은 '어지럽다'는 뜻의 형용사지만, 동사 앞에서 부사로 쓰이면 '함부로, 맘대로'라는 뜻이 된다.

▷ 你别乱想，我们只是朋友。

네 맘대로 생각하지 마, 우린 단지 친구일 뿐이야.

▷ 他总是乱说，人人都不喜欢他。

해석

해석 1. 네 동생이 내 컴퓨터를 고장 냈다. 2. 그는 너를 사랑하는 게 아니라 네 돈을 사랑하는 거야.
3. 난 단지 이 일을 그녀에게 알렸을 뿐인데, 그녀는 나에게 화를 냈다. 4. 그는 늘 말을 함부로 해서 사람들은 모두 그를 싫어한다.

TEST 2

1. 단어를 배열하여 문장을 만들어 보세요.

❶ 그녀가 내 옷을 더럽혔어요.

我　脏　她　把　的　弄　了　衣服

→ _____

❷ 난 단지 이 일을 그녀에게 알렸을 뿐인데, 그녀는 나에게 화를 냈다.

就　告诉　我的　只是　这件事　生　气　我　了　她　她

→ _____

❸ 그는 너를 사랑하는 게 아니라, 네 돈을 사랑하는 거야.

爱　钱　的　他　不　你　爱　你　而是

→ _____

❹ 그 애는 그저 아이일 뿐이니, 그 애를 그렇게 혼내지 마세요.

不要　他　骂　孩子　而已　那样　他　只是

→ _____

❺ 네 맘대로 생각하지 마, 우린 단지 친구일 뿐이야.

别　朋友　乱　我们　想　只是　你

→ _____

2. 다음 문장들을 본문 내용에 따라 순서에 맞게 배열하고 번역하세요.

> a. 这样看来他真是爱我，能理解我
> b. 他结婚那一天承诺爱我一辈子，我相信他能做到
> c. 结婚前他不像别人一样乱承诺
> d. 当时我很失望，后来我冷静下来，发现他过去承诺过的事情，都做到了
> e. 他说因为害怕自己可能做不到

☐ ⋯▶ ☐ ⋯▶ ☐ ⋯▶ ☐ ⋯▶ ☐

번역
→

3. 우리말 문장에 맞도록 중국어로 쓰세요. 문장 확장 연습

❶ 그는 두려워한다.

→

❷ 그는 내가 알까 봐 두려워한다.

→

❸ 단지 그는 내가 알까 봐 두려워한 것일 뿐이다.

→

❹ 그도 아주 긴장을 했지만, 단지 그는 내가 알까 봐 두려워한 것일 뿐이다.

→

女人对男人说分手的理由

(여자가 남자에게 헤어지자고 말하는 이유)

1. 你不想跟我聊天，但可以连续几个小时上网玩儿游戏。
2. 你取消跟我的约会，但跟朋友们一起去玩儿。
3. 我经常看着你想，'天哪！我怎么会跟这样的人在一起？'
4. 我为你穿上漂亮的衣服，但你却看也不看。
5. 你根本不想知道我最想要的是什么。

▼ 직접 해석해 보고, 모범 해석 확인 후 다시 읽어 보세요.

맛있는 독해 II

중국의 영화, 가요, 뉴스 등 대중매체를 통해 접할 수 있는 내용으로 구성하였으며, 해석하는 요령과 함께 중국 문화를 알아봅니다.

- **6과** 일기예보 天气预报 — 81
- **7과** 영화 电影 — 93
- **8과** 영화 대사 电影的台词 — 105
- **9과** 스포츠 뉴스 体育新闻 — 117
- **10과** 중국 가요 中国歌曲 — 129

6과 일기예보

天气预报

독해
+ 정월대보름 일기예보
+ 생활날씨

맛있는 표현
1 由于
2 起
3 转
4 最好

중국의 일기예보

중국 뉴스에서 일기예보는 꽤 긴 시간 동안 진행됩니다. 중국은 영토가 넓기 때문에, 각 성 주요도시(省会)의 날씨를 간단히 소개하는 데도 4~5분은 걸립니다. 일기예보는 짧은 시간에 많은 정보를 전달해야 하기 때문에 함축적인 표현을 많이 볼 수 있습니다. 다소 어렵게 느껴지지만 핵심표현만 알아두면 독해가 그리 어렵지만은 않을 겁니다. 이번 과에서는 일기예보와 관련 있는 어휘와 표현을 알아봅시다.

중국 〈CCTV新闻〉 채널의
일기예보 방송

元宵节 yuánxiāojié (정월 대보름)
중국은 정월 대보름에 거리마다 꽃등을 달고, 그 꽃등에 수수께끼를 달아서 알아맞히는 풍속이 있다. 용 탈춤이나 사자 탈춤을 추기도 한다.

날씨 표현 미리 맛보기

1. 일반적인 날씨 표현

晴 qíng 맑다	多云 duōyún 구름이 많이 끼다	阴 yīn 흐리다
小雨 xiǎoyǔ 가랑비	中雨 zhōngyǔ 중간량 비	多雨 duōyǔ 많은 비
阵雨 zhènyǔ 소나기	雷雨 léiyǔ 천둥번개를 동반한 비	雨夹雪 yǔjiāxuě 진눈깨비
小雪 xiǎoxuě 적은 눈	中雪 zhōngxuě 중간량 눈	多雪 duōxuě 많은 눈
雾 wù 안개	沙尘暴 shāchénbào 황사, 모래폭풍	

예 北方大部天气晴冷，南方雨雪阴冷持续。
북쪽은 대부분 맑고 춥겠습니다. 남쪽은 비나 눈, 흐리고 추운 날씨가 계속되겠습니다.

2. 복합적인 날씨 표현

今天夜里多云转阴，明天阴有阵雨或雷雨，雨量中到大，后天阴有小雨。
　　　　　　～하다가(바뀌다)　　　　　혹은　　　　　　～가운데

오늘 저녁은 구름이 많다가 흐려지겠습니다. 내일은 흐린 가운데 소나기나 천둥을 동반한 비가 내릴 것으로 예상되며, 강우량이 많겠습니다. 모레는 흐린 가운데 가랑비가 내리겠습니다.

날씨가 바뀔 경우에 转을 사용하여 표현한다.

예 明天也是一个晴转多云的天气，气温在23℃至32℃之间。
내일도 역시 맑다가 구름이 많겠습니다. 기온은 섭씨 23도에서 32도 사이입니다.

3. 기온

最低气温 zuì dī qìwēn 최저기온		最高气温 zuì gāo qìwēn 최고기온
零下 língxià 영하	度 dù 도(°)	摄氏 shèshì 섭씨 ~도
华氏 huáshì 화씨 ~도	上升 shàngshēng 상승하다	下降 xiàjiàng 하강하다
回升 huíshēng 다시 오르다	回落 huíluò 다시 떨어지다	

예 今天最低气温(摄氏)零下8度。
오늘 최저기온은 (섭씨) 영하 8도입니다.

元宵节的天气预报

　　各位观众晚上好，欢迎大家收看今天的天气预报，今天是正月十五—元宵节，我市白天的天气好，太阳还出来露了个脸。白天气温有所回升，市区在❶16度左右。元宵节是我国的传统节日，是新年的第一个月圆日，所以也叫"团圆节"。这天有吃❷"元宵"、赏花灯、赏明月等习俗。不过，由于今晚多云，想看到圆月有点难。但您还是可以走出家门看看花灯的，晚上我市不少地方都挂起了花灯。出去逛逛应该是不错的选择。

好了，再来看一下明后天我市具体的天气，预计今天夜里多云转阴，明天阴有阵雨或雷雨，雨量大，后天阴有小雨。明天最低气温9度，最高气温15度。洗车指数四级，不适宜洗车。感冒指数二级，请小心感冒，老人和小孩最好不要外出。最后来看下我市及周边城市明天具体的天气情况。

알아두면 유용한 상식

① 16度 (16도)

정월 대보름에 기온이 16°C라는 것은 우리가 쉽게 생각할 수 없는 상황이지만 중국은 광활한 국토 면적에 걸맞게 냉대기후와 열대기후가 골고루 분포하고 있어 지역마다 다양한 기후를 접할 수 있다. 기온으로 보아 중국 남방지역의 일기예보라는 것을 알 수 있다.

② 元宵 (위엔샤오)

정월 대보름에 중국인이 즐겨 먹는 음식으로, 탁구공 크기의 찹쌀을 빚어 안에 팥과 같은 달콤한 소를 넣어 만든다. 북방에서는 元宵 yuánxiāo(위엔샤오), 남방에서는 汤圆 tāngyuán(탕위엔)이라고 하며 만드는 방법도 각각 다르다.

맛있는 단어
Y.u.m.m.y.W.o.r.d.s

- 观众 guānzhòng 명 관중, 시청자
- 收看 shōukàn 동 시청하다
- 元宵节 yuánxiāojié 명 정월 대보름
- 白天 báitiān 명 낮
- 露 lòu 동 드러내다
- 回升 huíshēng 동 다시 오르다, 회복하다
- 市区 shìqū 명 시내지역
- 传统 chuántǒng 명 전통
- 节日 jiérì 명 기념일, 명절
- 月圆日 yuèyuánrì 명 달이 둥근 날(보름)
- 圆月 yuányuè 명 보름달
- 团圆 tuányuán 형 둥글다 동 가족이 모이다

- 赏 shǎng 동 감상하다
- 花灯 huādēng 명 꽃등
- 习俗 xísú 명 풍속
- 挂 guà 동 걸다
- 选择 xuǎnzé 동 선택하다
- 具体 jùtǐ 형 구체적이다
- 预计 yùjì 동 예상하다, 전망하다
- 雨量 yǔliàng 명 강우량
- 指数 zhǐshù 명 지수
- 级 jí 명 급
- 适宜 shìyí 형 적절하다

체크체크

Q 보기에 주어진 단어를 이용해 빈칸을 채워 보세요.

보기 适宜 露 收看 挂 预计

1. 谢谢（   ）今天的天气预报。

2. 下雪的时候，不（   ）开车。

3. 今天是国庆节，家家都（   ）起国旗。

4. 他们（   ）今天太阳（   ）脸。

본문 내용을 읽은 후, 아래 질문에 답해 보세요.

1. 今天是什么日子？

　　① 中秋节　　② 春节　　③ 端午节　　④ 元宵节

2. 今天最高气温有多少度？

　　① 9℃　　② 15℃　　③ 16℃　　④ 20℃

3. 今天赏圆月为什么有点儿难？

　　① 今天天气晴。

　　② 今天不是圆月。

　　③ 今天下雨。

　　④ 今天多云。

4. 后天的天气会怎么样？

　　① 晴转阴　　② 多雨转晴　　③ 阴有小雨　　④ 阴有多雨

5. 明天的天气会怎么样？

　　① 要小心感冒。

　　② 很适合洗车。

　　③ 最低气温有10度。

　　④ 最高气温有18度。

맛있는 표현
Y.u.m.m.y.E.x.p.r.e.s.s.i.o.n

1 由于

> 不过，由于今晚多云，想看到圆月有点难。
> 그러나, 오늘 저녁은 구름이 많아서 둥근 달을 보는 것은 약간 어렵겠습니다.

➕ 由于는 원인을 나타낼 때 쓰는 전치사 또는 접속사이며, '~때문에, ~로 인해서'라는 의미를 가지고 있다. 경우에 따라 결과를 나타내는 접속사 所以(그래서), 因此(이 때문에) 등과 함께 쓰이기도 한다.

▷ 由于这件事，我们都失望了。
  〔由于 뒤에 명사구가 나오므로 이 문장에서 由于는 전치사이다.〕
  이 일로 인해서, 우리는 모두 실망했다.

▷ 由于昨天下了大雪，因此路上堵车堵得很厉害。
  〔由于 뒤에 절이 나오므로 이 문장에서 由于는 접속사이다.〕
  〔由于와 호응〕

2 起

> …，晚上我市不少地方都挂起了花灯。
> …, 저녁에 우리 시의 적지 않은 곳에서 꽃등을 모두 걸어 올렸습니다.

➕ 起는 동사 뒤에 쓰여 '일어나다, (위쪽으로) 들어올리다'는 의미를 나타낸다. 경우에 따라 起来로 쓰이기도 한다.

▷ 请大家举起双手，抬起头。
  여러분 두 손을 들어올리고, 고개를 드세요.

▷ 拿起你的手机来。
  〔起来를 쓸 때 목적어가 있으면 순서는 [起+목적어+来]가 된다.〕

举手 jǔ shǒu 동 손을 들다 | 抬头 tái tóu 동 고개를 들다

3 转

…，预计今天夜里多云**转**阴，…

…, 오늘 저녁 구름이 많다가 흐려질 것으로 예상되며, …

+ 转은 '전환되다'라는 뜻이며, 일기예보에서는 날씨가 변할 때 转을 사용해서 표현한다.

▷ 晴**转**多云。

날씨가 맑다가 구름이 많아지겠습니다.

▷ 小雨**转**雷雨。

4 最好

…，老人和小孩**最好**不要外出。

…, 노인과 어린이는 외출하지 않는 것이 가장 좋습니다.

+ 最好는 '~하는 게 가장 좋다, 가장 좋은 것은 ~하는 것이다'는 뜻의 부사입니다.

문장의 맨 앞에 나올 수도 있다.
▷ **最好**别跟她见面。

가장 좋은 건 그녀와 만나지 않는 거야.

▷ **最好**把这件事告诉老师。

1. 어제 눈이 많이 내려서 길이 심하게 막힌다.   2. 당신의 핸드폰을 들어올리세요.
3. 가랑비가 내리다가 천둥번개를 동반한 비가 내리겠습니다.   4. 이 일을 선생님께 알려드리는 것이 가장 좋겠어.

TEST 2

Y.u.m.m.y.E.x.p.r.e.s.s.i.o.n

1. 단어를 배열하여 문장을 만들어 보세요.

❶ 이 일로 인해서 우리는 모두 실망했다.

　都　我们　失望　件　这　事　了　由于

　➡ _____

❷ 가랑비가 내리다가 천둥번개를 동반한 비가 내리겠습니다.

　转　雷雨　小雨

　➡ _____

❸ 당신의 핸드폰을 들어올리세요.

　手机　起　你的　拿　来

　➡ _____

❹ 이 일을 선생님께 알려드리는 것이 가장 좋겠어.

　告诉　最好　这　件　事　老师　把

　➡ _____

❺ 어제 눈이 많이 내려서 길이 심하게 막힌다.

　昨天　大雪　下　了　由于　路上　堵得　因此　很　厉害　堵车

　➡ _____

2. 다음 문장들을 본문 내용에 따라 순서에 맞게 배열하고 번역하세요.

> a. 但您还是可以走出家门看看花灯的
> b. 不过，由于今晚多云
> c. 这天有吃"元宵"、赏花灯、赏明月等习俗
> d. 晚上我市不少地方都挂起了花灯
> e. 想看到圆月还是有点难

☐ → ☐ → ☐ → ☐ → ☐

번역
→ _____

3. 우리말 문장에 맞도록 중국어로 쓰세요. 문장 확장 연습

❶ 꽃등을 걸어 올렸습니다.
→ _____

❷ 적지 않은 곳에서 모두 꽃등을 걸어 올렸습니다.
→ _____

❸ 우리 시의 적지 않은 곳에서 모두 꽃등을 걸어 올렸습니다.
→ _____

❹ 저녁에 우리 시의 적지 않은 곳에서 모두 꽃등을 걸어 올렸습니다.
→ _____

生活天气 (생활날씨)

雨伞指数：带伞
下午有阵雨，如果您要外出的话，一定要带雨伞。

约会指数：较不适宜
天气很热，风力较大，下午有阵雨。
如果有约会，请选择室内。

逛街指数：较不适宜
有阵雨，并且天气热，较不适宜逛街。
如果要逛街，请带上雨伞避免淋雨。

▼ 직접 해석해 보고, 모범 해석 확인 후 다시 읽어 보세요.

约会 yuēhuì 명 데이트, 약속 | 室内 shìnèi 명 실내 | 避免 bìmiǎn 동 피하다 | 淋雨 línyǔ 동 비에 젖다

7과 영화
电影

독해
- 영화 소개 – 〈唐山大地震 당산대지진〉
- 관람후기

맛있는 표현
1. 而
2. 下来
3. 般
4. 于

영화〈唐山大地震 당산대지진〉

　영화〈唐山大地震 당산대지진〉은 실제 1976년에 발생한 당산대지진과 2008년에 발생한 사천대지진을 배경으로 한 영화입니다. 지진이 가져다 준 이별과 상처, 지진피해로 인한 힘든 삶을 치유해나가는 내용으로, 이 영화는 개봉하기도 전에 각종 기록을 쏟아내며 큰 주목을 받았습니다. 이번 과에서는 영화의 줄거리를 알아보고, 영화와 관련된 표현을 공부해 봅시다.

〈唐山大地震〉的海报
〈당산대지진〉의 포스터

最搞笑台词 (가장 재미있는 대사)

1. **方达**:
   "小震不用跑，大震你也跑不了。"
   작은 지진에는 뛸 필요가 없고,
   큰 지진에는 너는 도망칠 수도 없어.

2. **小何**:
   "别激我，小心鸡飞蛋打。"
   너 나 자극하지 마, 닭이 날아가고
   달걀이 깨질 수가 있으니 조심해.

   方达:
   "鸡有的是，蛋也不缺。"
   닭은 얼마든지 있고, 계란도 부족하지 않아.

영화 관련 어휘 미리 맛보기

1 영화의 종류

爱情片 àiqíng piàn 멜로 | 动作片 dòngzuò piàn 액션 |
科幻片 kēhuàn piàn SF(공상과학) | 喜剧片 xǐjù piàn 코미디 |
恐怖片 kǒngbù piàn 공포 | 侦探片 zhēntàn piàn 탐정물 |
剧情片 jùqíng piàn 드라마 | 纪录片 jìlù piàn 다큐멘터리 |
动画片 dònghuà piàn 애니메이션

예 我最喜欢看科幻片。
나는 SF 영화 보는 것을 가장 좋아한다.

2 배우

领衔主演 lǐngxián zhǔyǎn 주연 | 主角 zhǔjué 주연 |
联合主演 liánhé zhǔyǎn 조연 | 配角 pèijué 조연 |
特别演出 tèbié yǎnchū 특별출연 | 临时演员 línshí yǎnyuán 엑스트라

예 这部电影的男主角是谁?
이 영화의 남자 주연배우가 누구입니까?

3 제작진

导演 dǎoyǎn 감독 | 原著 yuánzhù 원작 | 编剧 biānjù 각본 |
特效指导 tèxiào zhǐdǎo 특수효과 | 作曲 zuòqǔ 작곡 | 出品 chūpǐn 제작

예 冯小刚是最受欢迎的导演。
펑샤오강은 가장 인기 있는 감독이다.

7 电影 95

影片简介

片名：唐山大地震　　影片类型：灾难/❶剧情
导演：❷冯小刚　　　编剧：苏〇〇
特效指导：费尔-琼斯　作曲：王〇〇
出　品：华宜兄弟
领衔主演：徐〇〇 等
联合主演：吕〇〇 等
特别演出：陈〇〇 等

剧情：

　　1976年，唐山，方大强和妻子、儿女方登、方达过着平凡而幸福的生活。7月28日凌晨，唐山发生了大地震。为了救孩子，方大强死了。方登和方达被同一块楼板压在两边，母亲只能选择救一个。没有别的办法，母亲选择救体弱多病的弟弟方达，而姐姐方登听到了母亲作出的选择。

　　震后，母亲独自养大儿子，坚强地活了下来，但方登却奇迹般的活了下来并被别人收养，进入了全新的世界。母女、姐弟从此生活在不同的世界里。

方登一天天地长大，却没办法忘记地震给她带来的伤痛，也没办法原谅母亲救弟弟不救自己的选择。而母亲也没办法忘记失去亲人的痛苦。

　　32年后家人再次相见，但他们仍然带着心中的伤痛，这再一次让今天的人们回忆起那一段惨痛的灾难。

　　电影的结局还是充满了温情，让人们从心里感受到温暖，带来了生活的希望。

* 唐山大地震，是1976年7月28日，发生于中国唐山的里氏7.8级大地震。造成242,769人死亡。

알아두면 유용한 상식

① 剧情 (드라마)

剧情은 원래 영화나 연극의 줄거리를 의미하지만 영화의 장르를 표현할 때는 '드라마'의 의미이며, 剧情片이라고도 한다.

② 冯小刚 (펑샤오깡)

冯小刚 Féng Xiǎogāng은 중국에서 가장 대중성을 인정 받는 감독으로, 〈당산대지진〉에서 어머니 역을 연기한 徐帆 Xú Fān의 남편이다. 冯小刚 감독은 영화〈야연〉,〈무극〉,〈집결호〉를 연출했다.

맛있는 단어
Y.u.m.m.y.W.o.r.d.s

- 影片 yǐngpiàn 명 영화
- 简介 jiǎnjiè 명 간단한 소개
- 唐山 Tángshān 지명 당산
- 地震 dìzhèn 명 지진
- 类型 lèixíng 명 종류, 유형
- 灾难 zāinán 명 재난
- 剧情 jùqíng 명 스토리, 드라마
- 楼板 lóubǎn 명 콘크리트 판
- 压 yā 동 짓누르다
- 体弱多病 tǐ ruò duō bìng 허약하고 병이 많다
- 独自 dúzì 부 홀로
- 养大 yǎngdà 동 양육하다
- 坚强 jiānqiáng 형 굳세다
- 活 huó 동 살다
- 奇迹 qíjì 명 기적

- 般 bān 조 ~와 같은
- 收养 shōuyǎng 동 입양하다
- 伤痛 shāngtòng 명 상처와 아픔
- 原谅 yuánliàng 동 용서하다
- 失去 shīqù 동 잃어버리다
- 仍然 réngrán 부 여전히
- 回忆 huíyì 명동 회상(하다)
- 段 duàn 양 기간을 세는 단위
- 惨痛 cǎntòng 형 비통하다
- 结局 jiéjú 명 결말, 마지막
- 温情 wēnqíng 명 따스한 정
- 于 yú 전 ~에(서)
- 里氏 lǐshì 명 리히터 규모
- 造成 zàochéng 동 초래하다

체크체크

Q 보기에 주어진 단어를 이용해 빈칸을 채워 보세요.

> 보기   养大   原谅   失去   造成

1. 这都是我的错，请你（　　　）我！
2. 地震（　　　）了很大的损失。
3. 她母亲一个人（　　　）了三个孩子。
4. 我（　　　）了这次机会。

TEST 1

본문 내용을 읽은 후, 아래 질문에 답해 보세요.

1. "唐山大地震"的影片类型是什么？

　① 侦探片　　② 剧情片　　③ 爱情片　　④ 科幻片

2. 母亲为什么只能选择一个孩子？

　① 家里没有钱。

　② 她丈夫死了。

　③ 母亲不喜欢女孩。

　④ 同一块楼板压在两边。

3. 下面哪一个不是有关唐山大地震的事实？

　① 1976年7月28日发生。

　② 是里氏7.8级大地震。

　③ 当时住在唐山的人都死了。

　④ 造成242,769人死亡。

4. 母亲和女儿什么时候再次相见？

　① 几天后　　② 父亲死了以后　　③ 救弟弟以后　　④ 32年后

5. 请选出与上面不同的内容。

　① 方登被收养以后过得很开心。

　② 母亲选择救弟弟以后方登一直很痛苦。

　③ 终局还是充满温情，有希望。

　④ 方登奇迹般的活下来了。

맛있는 표현 Yummy Expression

1 而

> 1976年，唐山，方大强和妻子、儿女方登、方达过着平凡**而**幸福的生活。
>
> 1976년 당산에서 팡따챵과 아내, 자녀 팡덩과 팡다는 평범하지만 행복하게 살고 있었다.

+ 而은 접속사로 '~하고, 그리고'의 뜻과 '그러나, ~하지만'의 뜻, 그리고 '~하면서도'의 뜻 등 다양한 의미를 가지고 있다.

▷ 他找到了新的女朋友，**而**('~하고) 我失恋了。 그는 새 여자친구를 찾았고, 나는 실연 당했다.

▷ 这个花瓶漂亮**而**('~하면서도) 不贵。

해석

단어 失恋 shīliàn 동 실연하다 | 花瓶 huāpíng 명 꽃병

2 下来

> 震后，母亲独自养大儿子，坚强地活了**下来**，…
>
> 지진 후, 어머니는 홀로 아들을 키우고, 굳세게 살아가지만, …

+ '내려오다'라는 뜻의 下来는 동사 뒤에서 보어로 쓰일 때, 과거부터 현재까지 동작이 '지속되다'는 뜻이 된다.

▷ 这是在中国传**下来**的故事。 이것은 중국에서 전해져 내려오는 이야기이다.

▷ 这是我结婚后存**下来**的钱。

해석

단어 传 chuán 동 전하다 | 存 cún 동 저축하다

3 般

> …，但方登却奇迹般的活了下来并被别人收养，进入了全新的世界。
>
> …, 팡덩은 기적적으로 살아나서 다른 사람에게 입양되어, 완전히 새로운 세계에 들어서게 된다.

✚ 般은 '~와 같은'이라는 뜻의 조사로 '명사+般'의 형태로 쓰인다.

▷ 朋友们都羡慕她魔鬼般的身材。 친구들은 모두 그녀의 매혹적인 몸매를 부러워한다.
 (魔鬼般은 '유혹적인'이라는 의미가 있다.)

▷ 广场里有潮水般的人群。

해석

단어 羡慕 xiànmù 동 부러워하다 | 魔鬼 móguǐ 명 마귀 | 潮水 cháoshuǐ 명 조수(밀물과 썰물) |
人群 rénqún 명 군중

4 于

> …，发生于中国唐山的里氏7.8级大地震。
>
> …, 중국 당산에서 발생한 리히터 규모 7.8의 대지진이다.

✚ 于는 여러 가지 의미를 가진 전치사로 본문에서는 '~에서'의 뜻으로 쓰였다. 주로 문어체에서 많이 쓰인다.

▷ 她出生于首尔。 그녀는 서울에서 출생했다.
 (于는 동사 뒤에서 잘 쓰인다.)

▷ 我们公司位于上海。

해석

단어 位 wèi 동 위치하다

1. 이 꽃병은 예쁘면서도 비싸지 않다. 2. 이것은 내가 결혼 후에 저축한 돈이다.
3. 광장에는 밀물과 같은 인파가 있다. 4. 우리 회사는 상하이에 위치하고 있다.

TEST 2

1. 단어를 배열하여 문장을 만들어 보세요.

❶ 그는 새 여자친구를 찾았고, 나는 실연 당했다.

失恋 的 女朋友 我 他 了 新 找到 而 了

→ _____

❷ 이것은 중국에서 전해져 내려오는 이야기이다.

在 这 故事 中国 是 下来 的 传

→ _____

❸ 친구들은 모두 그녀의 매혹적인 몸매를 부러워한다.

她 魔鬼般 朋友们 都 的 羡慕 身材

→ _____

❹ 이것은 내가 결혼 후에 저축한 돈이다.

我 这 的 是 后 下来 钱 结婚 存

→ _____

❺ 우리 회사는 상하이에 위치하고 있다.

位 我们 上海 公司 于

→ _____

2. 다음 문장들을 본문 내용에 따라 순서에 맞게 배열하고 번역하세요.

> a. 而姐姐方登听到了母亲作出的选择
> b. 但方登却奇迹般的活了下来并被别人收养，进入了全新的世界
> c. 震后，母亲独自养大儿子，坚强地活了下来
> d. 没有别的办法，母亲选择救体弱多病的弟弟方达
> e. 方登和方达被同一块楼板压在两边，母亲只能选择救一个

☐ ⋯▶ ☐ ⋯▶ ☐ ⋯▶ ☐ ⋯▶ ☐

번역
→ _____

3. 우리말 문장에 맞도록 중국어로 쓰세요. 문장 확장 연습

① 친구들은 부러워한다.

→ _____

② 친구들은 모두 그녀를 부러워한다.

→ _____

③ 친구들은 모두 그녀의 몸매를 부러워한다.

→ _____

④ 친구들은 모두 그녀의 매혹적인 몸매를 부러워한다.

→ _____

观后感 (관람후기)

chunyou333 这部电影太感人了，真是忍不住流泪。

> **weiting4860** 我从头到尾都在哭。

zzzailing 这部电影真不错，特别是故事的结构很好。

delight11 这部电影让我亲身感受到当时人们的痛苦。

dafangren 我本来期待这部电影中有很多特效，但我却更被电影中的故事吸引。

caixin 看完后我很想念我的父母，也很感谢他们。

▼ 직접 해석해 보고, 모범 해석 확인 후 다시 읽어 보세요.

8과 영화 대사
电影的台词

독해
- 〈不见不散 꼭 만나요〉
- 〈大话西游 코믹 서유기〉

맛있는 표현
1. 否
2. 仅仅
3. 装
4. 瞎

不见不散 꼭~만나요

冯小刚 감독의 영화 중에는 〈唐山大地震〉 외에도 흥행에 성공한 영화가 많이 있습니다. 그 중 〈不见不散 bú jiàn bú sàn〉은 贺岁片 hèsuìpiàn(신년특집 영화)으로 유명하기도 합니다. 不见不散이란 말은 '반드시 만나야 한다'는 뜻으로, 아메리칸 드림을 좇아 미국으로 이민을 떠난 중국인들의 삶의 애환과 사랑을 그린 영화입니다. 영화 속에는 冯小刚 감독 특유의 유머가 대사에 잘 나타나 있습니다. 이번 과는 영화 대사에 많이 나오는 표현들을 알아봅시다.

〈不见不散〉的海报
〈꼭 만나요〉의 포스터

〈不见不散〉的主要场面
〈꼭 만나요〉의 주요장면

영화 속 표현 미리 맛보기

1 대사의 어감을 풍부하게 만들어 주는 감탄사

> 啊 a 긍정, 놀람, 반문 | 喔 wō 긍정, 놀람 | 咦 yí 의문, 놀람 | 呦 yōu 놀람 |
> 哎 āi 불만, 주의환기 | 唉 āi (또는 咳 hāi) 탄식, 애석함 | 哎呀 āiyā 놀람, 원망, 고통 |
> 哎呦 āiyōu 놀람, 고통 | 哦 ò 놀람, 납득, 이해 | 嗯 ng 긍정, 승낙, 의문 |
> 诶 èi 사람을 부를 때 | 喂 wèi 사람을 부를 때

예 呦，这是谁的钱啊？
어, 이거 누구 돈이야?

2 이합사의 활용

> 装什么蒜？ zhuāng shénme suàn? 뭘 모른 척해요?
> 生谁的气？ shēng shuí de qì? 누구한테 화내는 거예요?
> 见一面 jiàn yí miàn 한번 만나다
> 吃什么亏？ chī shénme kuī? 무슨 손해를 봤어요?
> 叙叙旧 xù xù jiù 회포를 좀 풀다
> 开个玩笑 kāi ge wánxiào 농담 한번 하다

예 想再见一面的就是你。
다시 한번 만나고 싶었던 사람이 바로 당신이에요.

3 성어

> 不见不散 bú jiàn bú sàn 만날 때까지 기다리다, 꼭 만나다
> 无亲无故 wú qīn wú gù 친척도 연고도 없다
> 后悔莫及 hòu huǐ mò jí 후회막급이다
> 莫过于此 mò guò yú cǐ 이보다 더할 수 없다

예 我会一直在我们分手的地方等你。不见不散！
난 우리가 헤어졌던 곳에서 당신을 줄곧 기다릴 겁니다. 꼭 만납시다!

<不见不散>的台词

(刘元的独白)
　　李清，很久没有你的音讯，不知道你是不是还在❶洛城，也不知道你是否还在美国。一年前的今天我在❷帕沙蒂娜的老城把你丢了，一年后的今天我非常想和你见上一面，请你别误会，我仅仅是想和你叙叙旧。一定来，我会一直在我们分手的地方等你。不见不散！

刘元：是李清吗？

李清：装什么蒜啊？那么想见我，刚一年没见面就忘了我了？诶，你瞎摸什么啊，瞎摸瞎摸的，瞎了你啊？

刘元：是李清，你还是来了！

李清：你怎么了，看不见了吗？看不见李清了吗？

刘元：不！我看得见，黑夜给了我黑色的眼睛，我看见你望着我，你像玻璃杯里面的冰块一样透明。

李清：对不起，对不起，我不知道你看不见了，你怎么会这样呢？怎么会瞎呢？

刘元：在一次车祸中，我受到强烈震荡，昏过去了。醒来我就失明了。我当时特别绝望，还不如死了。我无亲无故，还想再见一面的就是你了。你瘦了，瘦了。

李清：我们找个地方坐会儿吧！我陪你聊聊天。走吧！你慢点儿！

中略

(刘元不自觉地盯着一个美女经过。)

李清：咱们走吧，呦！这是谁钱包啊？

刘元：哪儿呢？哪儿呢？哪儿呢？我又能看见了，这是爱情的力量。

(李清很生气地离开咖啡厅。)

刘元：我真是想跟你开个玩笑，你怎么说翻脸就翻脸啊？你怎么一点幽默感都没有？你吃什么亏了？我不是也把心里话说出来了吗？

李清：你有心吗？

알아두면 유용한 상식

❶ 洛城 Luòchéng (로스앤젤레스)
洛城은 로스앤젤레스를 중국어로 옮긴 洛杉矶 Luòshānjī의 다른 표현이며, 城은 도시의 개념으로 쓰인다.

❷ 帕沙蒂娜 Pàshādìnà (파사디나)
帕沙蒂娜는 로스앤젤레스 인근의 오래된 도시 Pasadena(파사디나)의 중국식 표현이다.

맛있는 단어 Y.u.m.m.y.W.o.r.d.s

- 台词 táicí 명 대사
- 独白 dúbái 명 독백
- 音讯 yīnxùn 명 기별, 소식
- 是否 shìfǒu 부 ~인지 아닌지 (=是不是)
- 误会 wùhuì 동 오해하다
- 仅仅 jǐnjǐn 부 단지
- 瞎摸 xiāmō 동 함부로 더듬다
- 瞎 xiā 동 눈 멀다
- 玻璃 bōli 명 유리
- 冰块 bīng kuài 명 얼음 조각
- 透明 tòumíng 형 투명하다
- 车祸 chēhuò 명 차 사고
- 强烈 qiángliè 형 강렬하다

- 震荡 zhèndàng 동 진동하다
- 昏过去 hūnguoqu 동 기절하다, 까무러치다
- 不如 bùrú 동 ~만 못하다
- 醒来 xǐnglái 동 깨어나다
- 失明 shīmíng 동 실명하다
- 绝望 juéwàng 동 절망하다
- 自觉 zìjué 동 자각하다
- 盯 dīng 동 응시하다, 쳐다보다
- 经过 jīngguò 동 지나가다
- 中略 zhōnglüè 동 중간 생략하다
- 翻脸 fānliǎn 동 외면하다, 낯빛을 바꾸다
- 说翻脸就翻脸 shuō fānliǎn jiù fānliǎn
  금방 토라지다

체크체크

Q 보기에 주어진 단어를 이용해 빈칸을 채워 보세요.

보기   误会   醒来   绝望   盯   车祸

1. 你不要(　　　)，我们还有机会！
2. 你别(　　　)，我们只是要帮助你。
3. 那个男孩儿一直(　　　)着你。
4. 他遇到(　　　)以后，一直没(　　　)。

TEST 1

본문 내용을 읽은 후, 아래 질문에 답해 보세요.

1. 他们俩在哪儿见面的?

　① 洛杉矶　　② 帕沙蒂娜　　③ 纽约　　④ 华盛顿

2. 李清说 "装什么蒜" 是什么意思?

　① 买什么大蒜?

　② 为什么装不认识我?

　③ 你认识我吗?

　④ 为什么装瞎眼?

3. 刘元说失明的原因是什么?

　① 车祸　　② 生病　　③ 发烧　　④ 不知道

4. 李清怎么知道刘元装瞎眼的?

　① 刘元昏过去了。

　② 刘元不会说假话。

　③ 刘元告诉李清了。

　④ 刘元不自觉地看美女。

5. 请选出与上面不同的内容。

　① 刘元其实没瞎眼。

　② 他们过了一年才见面。

　③ 刘元不会开玩笑。

　④ 最后李清很生气。

8 电影的台词

맛있는 표현
Y.u.m.m.y.E.x.p.r.e.s.s.i.o.n

1 否

> …，也不知道你是否还在美国。
> …, 당신이 아직 미국에 있는지도 모르겠소.

+ 否는 '아니다'라는 부정의 뜻을 가지고 있으며, 정반의문문(是不是)의 축약형으로 잘 쓰인다. 앞에 오는 동사에 따라 의미가 달라진다.

▷ 您能否证明她是您的女儿? *(能不能의 축약형)*

　당신은 그녀가 당신의 딸이라는 것을 증명할 수 있나요, 없나요?

▷ 新生要否参加托福考试? *(要不要의 축약형)*

[해석]

[단어] 新生 xīnshēng 명 신입생

2 仅仅

> …，我仅仅是想和你叙叙旧。
> …, 난 단지 당신과 만나 회포를 좀 풀고 싶을 뿐이오.

+ 仅仅은 '단지, 다만 (~할 뿐이다)'라는 뜻의 부사이다. 不仅仅은 '단지 ~할 뿐만 아니라'의 뜻으로 쓰인다.

▷ 他仅仅用了一个月就写完了这本书。

　그는 단지 한 달 만에 이 책을 다 썼다.

▷ 他不仅仅会说汉语，也会说日语。

[해석]

3 装

装什么蒜啊？

뭘 모르는 척해요?

+ 装은 '가장하다, ~인 체하다'의 뜻으로 装 뒤에는 형용사, 동사, 구절이 올 수 있다.

▷ 你别**装**傻，我们都知道你多聪明。

　너 멍청한 척 하지마, 우린 네가 얼마나 똑똑한지 알고 있어.

▷ 他很喜欢你，你别**装**不知道。

　해석

단어　傻 shǎ 형 멍청하다, 우둔하다

4 瞎

诶，你瞎摸什么啊，…

이봐요, 당신 어딜 함부로 더듬어요, …

+ 瞎는 '눈이 멀다'는 뜻의 동사이지만, 동사 앞에 쓰이면 '제멋대로, 함부로'라는 뜻의 부사가 된다.

▷ 你别**瞎**说，他没有那个意思。

　너 함부로 말하지 마, 그는 그런 뜻이 아니야.

▷ 他总是**瞎**吃药，真危险。

　해석

단어　危险 wēixiǎn 형 위험하다

해석　1. 신입생은 토플시험에 응시해야 합니까, 하지 말아야 합니까? 2. 그는 중국어를 할 수 있을 뿐 아니라, 일어도 할 수 있다.
　　　3. 그는 널 아주 좋아해, 너 모르는 척하지 마. 4. 그는 늘 함부로 약을 먹어서, 정말 위험하다.

TEST 2

Y.u.m.m.y.E.x.p.r.e.s.s.i.o.n

1. 단어를 배열하여 문장을 만들어 보세요.

① 당신은 그녀가 당신의 딸이라는 것을 증명할 수 있나요, 없나요?

  她 女儿 证明 能 是 您 您 的 否

  → _____

② 그는 중국어를 할 수 있을 뿐 아니라, 일어도 할 수 있다.

  日语 也 他 不仅仅 会 说 也 汉语 会 说

  → _____

③ 너 멍청한 척하지 마, 우린 네가 얼마나 똑똑한지 알고 있어.

  我们 装 多 你 傻 都 你 别 聪明 知道

  → _____

④ 그는 널 아주 좋아해, 너 모르는 척하지 마.

  别 他 知道 很 你 你 装 不 喜欢

  → _____

⑤ 너 함부로 말하지 마, 그는 그런 뜻이 아니야.

  别 那 你 说 他 意思 没有 个 瞎

  → _____

2. 다음 문장들을 본문 내용에 따라 순서에 맞게 배열하고 번역하세요.

> a. 我当时特别绝望，还不如死了
> b. 昏过去了
> c. 在一次车祸中，我受到强烈震荡
> d. 我无亲无故，还想再见一面的就是你了
> e. 醒来我就失明了

☐ ⋯▸ ☐ ⋯▸ ☐ ⋯▸ ☐ ⋯▸ ☐

번역
➙ _____
_____
_____
_____
_____

3. 우리말 문장에 맞도록 중국어로 쓰세요. 문장 확장 연습

❶ 그는 다 썼다.

➙ _____

❷ 그는 이 책을 다 썼다.

➙ _____

❸ 그는 한 달 동안 이 책을 다 썼다.

➙ _____

❹ 그는 단지 한 달 만에 이 책을 다 썼다.

➙ _____

<大话西游>的台词 <코믹 서유기>의 대사

(至尊宝的独白)

　　曾经有一份真诚的爱情放在我面前，我没有珍惜，等我失去的时候我才后悔莫及，人世间最痛苦的事莫过于此。如果上天能够给我一个再来一次的机会，我会对那个女孩子说三个字：我爱你。如果非要在这份爱上加上一个期限，我希望是……一万年。

▼ 직접 해석해 보고, 모범 해석 확인 후 다시 읽어 보세요.

〈大话西游〉 dàhuà xīyóu 몡 <코믹 서유기> | 至尊宝 Zhì Zūnbǎo 몡 지존보(남자 주인공) |
曾经 céngjīng 튀 이전에 | 珍惜 zhēnxī 동 소중히 여기다 | 真诚 zhēnchéng 형 진정한, 참된 |
上天 shàngtiān 몡 하늘(신을 나타냄) | 能够 nénggòu 동 ~할 수 있다 |
非要 fēiyào 튀 반드시 ~해야 한다 | 加上 jiāshàng 동 덧붙이다 | 期限 qīxiàn 몡 기한

9과 스포츠 뉴스
体育新闻

독해
- 북경올림픽에서 한국 야구팀이 금메달을 획득하다
- 2009-2010년 한국 5대 스포츠 뉴스

맛있는 표현
1. 以
2. 所有
3. 定
4. 住

스포츠 뉴스

한국 스포츠가 예전에는 몇 가지 종목에서만 두각을 나타내던 것과 달리, 지금은 여러 종목에서 세계에 위상을 떨치는 스포츠 강국으로 변모하였습니다. 세계 최고의 영예를 거머쥔 여러 종목의 뉴스 가운데에서도, 야구 팬들이라면 가장 즐겁고 짜릿했던 뉴스는 아마 北京奥运会 Běijīng Àoyùnhuì(베이징올림픽)에서 韩国棒球队 Hánguó bàngqiú duì(한국 야구대표팀)이 9전 전승으로 우승한 뉴스일 것입니다. 스포츠 뉴스에는 경기 룰과 관련된 전문용어가 많이 나오기 때문에 스포츠 뉴스를 읽기 전에는 단어에 대한 사전 이해가 필요합니다. 이번 과에서는 한국 야구대표팀의 우승 뉴스를 읽고, 스포츠 관련 어휘를 알아봅시다.

베이징올림픽 준결승전, 이승엽 선수

벤쿠버 동계올림픽에서 금메달을 획득한 김연아 선수

스포츠 관련 어휘 미리 맛보기

1 야구 용어

投手 tóushǒu 투수 | 接手 jiēshǒu 포수 | 游击手 yóujīshǒu 유격수 |
1、2、3垒手 1, 2, 3 lěishǒu 1, 2, 3루수 | 外场手 wàichǎngshǒu 외야수 |
击球手 jīqiúshǒu 타자 | 局 jú 회 | 出局 chū jú 아웃 | 界内球 jiènèiqiú 스트라이크 |
界外球 jièwàiqiú 볼 | 擦球棒 cāqiúbàng 파울 | 安打 āndǎ 안타 |
后场球 hòuchǎngqiú 외야 안타 | 本垒打 běnlěidǎ 홈런

예 在第一局两人出局
1회에 두 명이 아웃 되다

2 스포츠 용어

领先 lǐng xiān 리드하다, 앞서 나가다 | 4战 4 zhàn 4전 | 2胜 2 shèng 2승 |
2负 2 fù 2패 | 金牌 jīnpái 금메달 | 银牌 yínpái 은메달 | 铜牌 tóngpái 동메달 |
冠军 guànjūn 우승 | 亚军 yàjūn 준우승 | 季军 jìjūn 3등

예 韩国队获得金牌。
한국팀은 금메달을 땄다.

3 스포츠 대회

奥运会 Àoyùnhuì 올림픽 | 亚运会 Yàyùnhuì 아시안게임 |
锦标赛 jǐnbiāosài 선수권대회 | 巡回赛 xúnhuísài 투어대회 |
经典赛 jīngdiǎnsài 클래식대회 | 世界杯 shìjièbēi 월드컵 | 预赛 yùsài 예선 |
半决赛 bànjuésài 준결승 | 决赛 juésài 결승

예 世界棒球经典赛
월드 베이스볼 클래식

北京奥运会韩国棒球队获得金牌

韩国棒球队今天在❶奥运会中以3：2击败世界排名第一的古巴队，9战全胜获得金牌，成为"完美冠军"。

在巴塞罗那奥运会上，韩国队在预赛中就被淘汰，在亚特兰大奥运会上打进八强，在悉尼获得奥运会铜牌，雅典奥运会上，韩国队再次在预赛中输给了日本和❷中华台北队，被淘汰。北京奥运会的金牌表明，韩国棒球已经成为世界一流强队。

韩国棒球队之前和古巴队的比赛中7战7负，所有人赛前都预测，古巴队赢定了。但是韩国队在比赛中有效地压制住了古巴队，连续的安打给古巴队防守带来很大的压力。古巴队毕竟是世界强队，他们在第一局两人出局的情况下，击出本垒打。2：1，韩国队只领先1分。

此后双方虽然都有机会，但都没有把握住。直到第七局，韩国队抓住了机会，在两人出局的情况下实现了一二垒有人，击球手打出了一记后场球，二垒队友顺利回到本垒，3∶1，占据了上风。

　　在最关键的第九局，韩国队差点儿被翻盘。古巴队一人出局，两人在垒。韩国队的接手因为对一个判罚不满，和裁判发生口角，被罚出场。幸好韩国队的投手表现稳定，古巴队的击球手全部出局。

알아두면 유용한 상식

❶ 奥运会

奥运会 Àoyùnhuì는 奥林匹克运动会 Àolínpǐkè yùndònghuì의 준말이다.

❷ 中华台北

中华台北 Zhōnghuá Táiběi는 台湾 Táiwān의 다른 명칭이다. 대만 정부는 독자적으로 올림픽 등 국제행사에 참가하길 원해 중국정부와의 협의에 따라 올림픽에서 쓰게 된 명칭이다.

맛있는 단어 Y.u.m.m.y.W.o.r.d.s

- 以 yǐ [전] ~로써
- 击败 jībài [동] 격파하다
- 排名 páimíng [명] 순위
- 古巴 Gǔbā [지명] 쿠바
- 完美 wánměi [형] 완벽하다
- 巴塞罗那 Bāsàiluónà [지명] 바르셀로나
- 淘汰 táotài [동] 탈락하다
- 亚特兰大 Yàtèlándà [지명] 애틀랜타
- 打进 dǎjìn [동] 진입하다
- 悉尼 Xīní [지명] 시드니
- 雅典 Yǎdiǎn [지명] 아테네
- 表明 biǎomíng [동] 분명하게 밝히다
- 之前 zhīqián [명] 이전
- 所有 suǒyǒu [형] 모든
- 预测 yùcè [동] 예측하다
- 有效 yǒuxiào [형] 효과적이다
- 压制 yāzhì [동] 제압하다
- 连续 liánxù [동] 연속하다
- 防守 fángshǒu [동] 수비하다
- 压力 yālì [명] 압력, 스트레스
- 毕竟 bìjìng [부] 결국, 필경
- 击出 jīchū [동] 쳐내다
- 此后 cǐhòu [명] 이후
- 把握 bǎwò [동] 잡다
- 抓住 zhuāzhù [동] 잡다
- 实现 shíxiàn [동] 실현시키다
- 记 jì [양] 대, 방(치는 동작을 세는 단위)
- 顺利 shùnlì [형] 순조롭다
- 占据上风 zhànjù shàngfēng 상승세를 타다
- 关键 guānjiàn [명] 관건, 키포인트
- 翻盘 fānpán [동] 판을 뒤집다
- 判罚 pàn fá [동] 처벌하다
- 裁判 cáipàn [명] 심판
- 口角 kǒujué [동] 입씨름하다
- 被罚出场 bèi fá chūchǎng 퇴장당하다
- 稳定 wěndìng [형] 안정적이다

체크체크

Q 보기에 주어진 단어를 이용해 빈칸을 채워 보세요.

보기   击败   表明   实现   口角

1. 韩国队（   ）了日本队！
2. 她（   ）了她小时候的梦想。
3. 他和警察发生了（   ）。
4. 她向我们（   ）了离开公司的决心。

TEST 1

본문 내용을 읽은 후, 아래 질문에 답해 보세요.

1. 韩国队和古巴队比赛最终的分数是多少？

　　① 1 : 0　　　② 2 : 1　　　③ 3 : 1　　　④ 3 : 2

2. 北京奥运会之前，韩国棒球队最好的成绩是？

　　① 金牌　　　② 银牌　　　③ 铜牌　　　④ 冠军

3. 之前，韩国和古巴队战绩是？

　　① 7战7胜　　② 7战7负　　③ 7战4胜3负　　④ 不知道

4. 韩国队的接手为什么被罚出场？

　　① 他打了古巴队的击球手。

　　② 他骂了古巴队的教练。

　　③ 他和裁判发生口角。

　　④ 他和韩国队的教练发生口角。

5. 请选出与上面不同的内容。

　　① 最后韩国队输了。

　　② 韩国队投手表现稳定。

　　③ 韩国队在第七局时得了一分。

　　④ 韩国队成为"完美冠军"。

맛있는 표현
Y.u.m.m.y.E.x.p.r.e.s.s.i.o.n

1 以

> 韩国棒球队今天在奥运会中以3：2击败世界排名第一的古巴队，…
>
> 한국야구팀이 오늘 올림픽에서 3대2로 세계랭킹 1위의 쿠바팀을 격파하고, …

➕ 以는 用이나 拿처럼 '~를 사용해서 ~하다' 또는 '~로써'의 의미를 가진 전치사이다. 주로 문어체에서 많이 쓰이고, 뒤에 为가 자주 쓰인다.

▷ 她**以**她的实力获得了冠军。
　그녀는 자신의 실력으로 우승을 차지했다.

'以~为~'는 '~을 ~으로 삼다'라는 의미
▷ 我们公司**以**人**为**本。

2 所有

> …，**所有**人赛前都预测，古巴队赢定了。
>
> …, 모든 사람들이 쿠바팀이 이길 것이 확실하다고 경기 전 예측했었다.

➕ 所有는 '모든'이라는 뜻의 형용사로, 앞에는 학교, 회사, 국가 등의 범위가 큰 명사가 자주 나온다. 所有의 뒤에는 的가 붙는데 생략할 수도 있다.

범위를 나타내는 명사　　的 생략, 的가 중복될 경우 所有의 뒤에 우선으로 쓴다.
▷ 我们**学校所有**的老师都很年轻。
　우리 학교의 선생님들은 모두 젊다.

所有 앞에 범위를 나타내는 명사가 없으면, '(세상의) 모든'이라는 의미
▷ **所有**的人都有自由意志。

　🗨 自由意志 zìyóu yìzhì 자유의지

3 定

> …，所有人赛前都预测，古巴队赢定了。
> …, 모든 사람들이 쿠바팀이 이길 것이 확실하다고 경기 전 예측했었다.

- 定은 '정하다'라는 뜻으로 동사 뒤에서 보어로 쓰이면, 그 동작이 '반드시 이루어지다' 혹은 그 동작을 '확정하다'라는 뜻이 된다.

▷ 说定了，那就拜托你啦！
 당신 약속했어요, 그럼 부탁드릴게요!

▷ 要是被老师发现，我们死定了。

4 住

> 但是韩国队在比赛中有效地压制住了古巴队，…
> 그러나 한국팀은 경기에서 효과적으로 쿠바팀을 제압하였고, …

- 住는 '멈추다'라는 뜻으로 동사 뒤에서 보어로 쓰이면, 동작을 통해서 '움직이지 못하게 하다, 정지시키다'라는 뜻이 된다.

▷ 警察抓住了偷我钱包的小偷儿。
 경찰이 내 지갑을 훔친 도둑을 붙잡았다.

▷ 你们一定要记住这句话。

1. 우리 회사는 사람을 근본으로 삼습니다. 2. 모든 사람은 자유의지를 가지고 있다.
3. 선생님께 들키면, 우린 죽어. 4. 너희들은 반드시 이 말을 기억해야 한다.

Y.u.m.m.y.E.x.p.r.e.s.s.i.o.n

1. 단어를 배열하여 문장을 만들어 보세요.

❶ 그녀는 자신의 실력으로 우승을 차지했다.

冠军　了　她　的　以　获得　实力　她

➡ _____

❷ 우리 학교의 선생님들은 모두 젊다.

老师　我们　年轻　学校　的　都　很　所有

➡ _____

❸ 선생님께 들키면, 우린 죽어.

我们　定　被　死　老师　发现　要是　了

➡ _____

❹ 너희들은 반드시 이 말을 기억해야 한다.

句　要　你们　话　一定　这　记住

➡ _____

❺ 모든 사람은 자유의지를 가지고 있다.

自由意志　的　有　所有　人　都

➡ _____

2. 다음 문장들을 본문 내용에 따라 순서에 맞게 배열하고 번역하세요.

> a. 韩国队的接手因为对一个判罚不满
> b. 古巴队一人出局，两人在垒
> c. 在最关键的第九局，韩国队差点儿被翻盘
> d. 幸好韩国队的投手表现稳定，古巴队的击球手全部出局
> e. 和裁判发生口角，被罚出场

☐ → ☐ → ☐ → ☐ → ☐

번역
→

3. 우리말 문장에 맞도록 중국어로 쓰세요. 문장 확장 연습

❶ 한국야구팀이 쿠바팀을 격파했다.

→

❷ 한국야구팀이 오늘 3대2로 쿠바팀을 격파했다.

→

❸ 한국야구팀이 오늘 올림픽에서 3대2로 쿠바팀을 격파했다.

→

❹ 한국야구팀이 오늘 올림픽에서 3대2로 세계랭킹 1위의 쿠바팀을 격파했다.

→

2009-2010年 韩国五大体育新闻

(2009-2010년 한국 5대 스포츠 뉴스)

1. 金妍儿在冬季奥运会花样滑冰女子单人滑中荣获金牌。
2. 韩国棒球队在世界棒球经典赛上获亚军。
3. 韩国足球进入世界杯16强。
4. 韩国在温哥华冬奥会上获得六枚金牌,列第五位。
5. 梁荣银成为在美国高尔夫巡回赛(PGA)优胜的第一名亚洲男选手。

▼ 직접 해석해 보고, 모범 해석 확인 후 다시 읽어 보세요.

体育 tǐyù 명 스포츠 | 新闻 xīnwén 명 뉴스 | 金妍儿 Jīn Yán'ér 인명 김연아 | 冬季 dōngjì 명 동계 | 花样滑冰 huāyàng huábīng 명 피겨스케이팅 | 单人滑 dānrén huá 명 피겨 싱글 | 荣获 rónghuò 동 영예롭게 획득하다 | 温哥华 Wēngēhuá 지명 밴쿠버 | 枚 méi 양 보석 등의 조각을 세는 단위 | 列 liè 동 늘어놓다, 배열하다 | 梁荣银 Liáng Róngyín 인명 양용은 | 巡回赛 xúnhuísài 명 투어대회 | 优胜 yōushèng 동 우승하다

10과 중국 가요

中国歌曲

독해
- '至少还有你
  적어도 당신이 있어요'
- '我和你 나와 너'

맛있는 표현
1. 来不及
2. 值得
3. 也许
4. 恨不得

至少还有你 (적어도 당신이 있어요)

홍콩 가수 林忆莲 Lín Yìlián의 노래 '至少还有你'는 2001년에 발표되어 지금까지 사랑 받고 있는 중국 대중가요입니다. 가장 많은 인기를 얻은 사랑노래이며 수많은 여성들이 노래방에서 애창곡으로 고르는 노래이기도 합니다.

중국 노래는 불렀을 때 가사전달이 분명해야 하기 때문에 가사와 음률의 조화가 아주 중요합니다. 노래 가사에서 경우에 따라 발음이 달라지는 경우도 있고, 단어가 생략되는 경우도 있어 어렵게 느껴질 수도 있지만, 노래의 감정을 느끼며 읽는다면 그리 어렵지만은 않을 것입니다. 노래 가사의 특징을 알아보고, 林忆莲의 노래 가사를 읽어 봅시다.

중국의 실력파 가수 林忆莲

베이징올림픽 주제곡 '我和你'를 부른
刘欢과 莎拉·布莱曼

노래관련어휘 미리 맛보기

1 유행가요의 종류

> 重金属 zhòngjīnshǔ 헤비메탈 | 摇滚 yáogǔn 록 | 朋克 péngkè 펑크 |
> 民谣 mínyáo 포크 | 流行 liúxíng 팝 | 说唱 shuōchàng 랩 | 爵士 juéshì 재즈 |
> 蓝调 lándiào 블루스

예 **最近年轻人很喜欢"说唱"。**
요즘 젊은이들은 랩을 좋아한다.

2 앨범정보

> 专辑 zhuānjí 앨범 | 唱片 chàngpiàn 음반 | 中文版 Zhōngwénbǎn 중국어버전 |
> 粤语版 Yuèyǔbǎn 광둥어버전 | 翻唱 fānchàng 리바이벌 |
> 广告曲 guǎnggàoqǔ 광고음악, CM송 | 主题曲 zhǔtíqǔ 주제곡

예 **她发了新的专辑。**
그녀는 새 앨범을 발표했다.

3 노래에서 실제 발음과 다르게 발음 될 수 있는 글자

> 你的笑容   的는 de로 발음해야 하나 노래에서는 di로도 발음한다.
> 鸟儿自由地飞 地는 de로 발음해야 하나 노래에서는 di로도 발음한다.
> 有变化了   了는 le로 발음해야 하나 노래에서는 liǎo로도 발음한다.

예 　　di로 발음한다.
月亮代表我的心。
달이 내 마음을 나타냅니다.

至少还有你

歌手：林忆莲

我怕来不及，我要抱着你。
直到感觉你的皱纹有了岁月的痕迹；
直到肯定你是真的；直到失去力气，
为了你，我愿意。

动也不能动，也要看着你。
直到感觉你的发线有了白雪的痕迹；
直到视线变得模糊；直到不能呼吸，
让我们形影不离。

(副歌)
如果全世界我也可以放弃，
至少还有你值得我去珍惜，
而你在这里就是生命的奇迹。

也许全世界我也可以忘记，
就是不愿意失去你的消息，
你掌心的痣我总记得在那里。

我们好不容易，我们身不由己。
我怕时间太快，不够将你看仔细。
我怕时间太慢，日夜担心失去你。
恨不得一夜之间白头，永不分离。

歌曲介绍:

《至少还有你》是香港歌手林忆莲于2001年发行的专辑《林忆莲's》中的一首歌曲,这首歌也是电影❶《安娜与国王》的中文版广告曲。这是进入21世纪以来最流行的情歌之一,同时是无数女孩子在❷KTV必点的歌曲。歌词表达了以时间来证明爱的价值,是一首简单却深刻的作品。林忆莲是近20年来最具代表性的实力派女歌手之一,她也可以说是华语歌坛发片数量最多的歌手之一。

알아두면 유용한 상식

❶ 〈安娜与国王〉(애나 앤드 킹)
〈安娜与国王〉은 율 브린너 주연의 〈왕과 나(1956)〉를 리메이크 한 〈애나 앤드 킹(1999)〉을 말한다.

❷ KTV (노래방)
KTV는 가라오케에서 유래한 말로 노래방을 말한다. 노래방은 KTV 외에 歌厅이라고 말하기도 한다.

맛있는 단어 Yummy Words

- 来不及 láibují 동 ~하기에 늦다
- 抱 bào 동 안다, 포옹하다
- 直到 zhídào 동 쭉 ~에 이르다
- 皱纹 zhòuwén 명 주름살
- 岁月 suìyuè 명 세월
- 痕迹 hénjì 명 흔적
- 肯定 kěndìng 동 긍정하다, 인정하다
- 愿意 yuànyì 동 원하다
- 发线 fàxiàn 명 머리카락 선
- 视线 shìxiàn 명 시선
- 模糊 móhu 형 흐릿하다, 모호하다
- 呼吸 hūxī 동 호흡하다
- 形影不离 xíng yǐng bù lí 성 조금도 떨어지지 않다
- 放弃 fàngqì 동 포기하다
- 至少 zhìshǎo 부 최소한, 적어도
- 值得 zhídé 동 ~할 가치가 있다
- 奇迹 qíjì 명 기적
- 也许 yěxǔ 부 아마도
- 掌心 zhǎngxīn 명 손바닥
- 痣 zhì 명 점
- 好不容易 hǎobùróngyì 부 간신히 ~하다
- 身不由己 shēn bù yóu jǐ 성 맘대로 안 되다
- 够 gòu 형 충분하다
- 将 jiāng 전 ~을(把의 서면어)
- 恨不得 hènbude 동 간절히 바라다
- 一夜之间 yí yè zhī jiān 하룻밤 사이
- 永不分离 yǒng bù fēnlí 영원히 헤어지지 않다
- 表达 biǎodá 동 표현하다
- 价值 jiàzhí 명 가치
- 深刻 shēnkè 형 깊다
- 具 jù 동 구비하다, 가지다
- 实力派 shílì pài 명 실력파
- 华语 huáyǔ 명 중국어
- 歌坛 gētán 명 가요계
- 发片 fā piàn 동 앨범을 발매하다

체크 체크

Q 보기에 주어진 단어를 이용해 빈칸을 채워 보세요.

보기   愿意   放弃   至少   好不容易   表达

1. 我们每个月（　　　）爬一次山。
2. 我（　　　）跟你一起去旅游。
3. 不要（　　　）你的梦想。
4. 我（　　　）用英语（　　　）了我的意见。

본문 내용을 읽은 후, 아래 질문에 답해 보세요.

1. 这首歌的专辑是什么时候发行的?

　① 20年前　　② 20世纪初　　③ 20世纪末　　④ 2001年

2. 林忆莲是：

　① 80年代最受欢迎的歌手。

　② 20年来最具代表性的实力派女歌手。

　③ 推出的唱片比较少的歌手。

　④ 一名台湾的歌手。

3. 歌词里为什么愿意一夜之间白头?

　① 想变成老人　　② 想永不分离　　③ 白发很漂亮　　④ 别人喜欢白发

4. 歌词里表达了什么?

　① 爱情是很搞笑的。

　② 爱情是很短暂的。

　③ 爱情是最宝贵的。

　④ 爱情是没有意义的。

5. 请选出与上面不同的内容。

　① 很多男孩在KTV点林忆莲的歌。

　② "至少还有你"是《安娜与国王》的广告曲。

　③ "至少还有你"是21世纪以来最流行的情歌之一。

　④ 林忆莲是华语歌坛发片数量最多的歌手之一。

맛있는 표현
Y.u.m.m.y.E.x.p.r.e.s.s.i.o.n

1 来不及

> 我怕来不及，我要抱着你。
>
> 난 늦을까 봐 두려워요, 당신을 안고 있을래요.

+ 来不及는 '~하기에 이미 늦었다, 시간에 맞출 수 없다'는 뜻으로, [来不及+구절] 혹은 [구절 + 来不及]의 형태로 쓰일 수 있다.

▷ 现在出发还**来得及**。   ← 来得及는 '시간에 맞출 수 있다'라는 의미

  지금 출발하면 아직 시간에 맞출 수 있어.

▷ 已经来不及告诉他了。

2 值得

> …，至少还有你值得我去珍惜，…
>
> …, 적어도 내가 귀하게 여길 당신이 있어요, …

+ 值得는 '~할 가치가 있다'는 의미로 值得 뒤에는 동사나 구절이 올 수 있다. 부정할 땐 不值得를 쓰면 된다.

▷ 这本书很有权威，值得一看。

  이 책은 아주 권위 있는 책이라 한번 볼 가치가 있다.

▷ 很值得去帮助那些贫民。

权威 quánwēi 명 권위 | 贫民 pínmín 명 빈민

3 也许

也许全世界我也可以忘记，…

어쩌면 내가 이 세상을 모두 잊어버릴 수 있다 해도, …

+ 也许는 약한 추측을 나타내는 부사로, '아마 ~할 지도 모른다'라는 의미를 가지고 있다. 也许는 주어의 앞뒤에 모두 쓰일 수 있다.

　　　　　　也许 뒤에는 추측을 나타내는 숲가 쓰일 수도 있다.
▷ 他**也许**会知道这个消息。

그는 아마도 이 소식을 알고 있을지도 모른다.

▷ **也许**这次你不能回去。

4 恨不得

恨不得一夜之间白头，永不分离。

하룻밤 사이에 백발이 되어 영원히 헤어지지 않기를 바랄게요.

+ 恨不得는 '~하기를 간절히 바라다'는 의미로, 실현될 가능성이 없는 바람을 나타낸다.

▷ 我**恨不得**早点认识你。

조금 더 일찍 너를 알았으면 정말 좋았을 것을.

　　　　　　恨不能도 恨不得와 같은 의미로 쓰인다.
▷ **恨不能**立即朝你狂奔去。

　　단어 立即 lìjí 뵈 즉시, 당장 | 朝 cháo 젠 ~를 향해 | 狂奔 kuángbēn 됭 미친 듯이 달리다

해석 1. 그에게 알리기엔 이미 늦었어. 2. 그런 빈민들을 돕는 것은 아주 가치 있다.
3. 아마 너는 이번에 못 돌아갈지도 모른다. 4. 당장 널 향해서 미친 듯이 달려갔으면 좋겠다.

TEST 2

Y.u.m.m.y.E.x.p.r.e.s.s.i.o.n

1. 단어를 배열하여 문장을 만들어 보세요.

❶ 그에게 알리기엔 이미 늦었어.

他   了   来不及   告诉   已经

➡ _____

❷ 이 책은 아주 권위 있는 책이라 한번 볼 가치가 있다.

权威   这   有   一   很   本   值得   看   书

➡ _____

❸ 그는 아마도 이 소식을 알고 있을지도 모른다.

知道   这个   他   也许   会   消息

➡ _____

❹ 당장 널 향해서 미친 듯이 달려갔으면 좋겠다.

狂奔   立即   恨不能   你   去   朝

➡ _____

❺ 조금 더 일찍 너를 알았으면 정말 좋았을 것을.

你   恨不得   早点   我   认识

➡ _____

2. 다음 문장들을 본문 내용에 따라 순서에 맞게 배열하고 번역하세요.

> a. 是一首简单却深刻的作品
> b. 歌词表达了以时间来证明爱的价值
> c. 这是进入21世纪以来最流行的情歌之一
> d. 同时是无数女孩子在KTV必点的歌曲
> e. 《至少还有你》是香港歌手林忆莲于2001年发行的专辑《林忆莲's》中的一首歌曲

□ ⇢ □ ⇢ □ ⇢ □ ⇢ □

번역
→ _____
_____
_____
_____
_____

3. 우리말 문장에 맞도록 중국어로 쓰세요. 문장 확장 연습

❶ 아주 가치가 있다.

→ _____

❷ 돕는 것은 아주 가치가 있다.

→ _____

❸ 빈민을 돕는 것은 아주 가치가 있다.

→ _____

❹ 그런 빈민들을 돕는 것은 아주 가치 있다.

→ _____

北京奥运会主题曲 (베이징올림픽 주제곡)

我和你 (나와 너)

歌手：刘欢 & 莎拉·布莱曼
(리우환 & 사라 브라이트만)

我和你，心连心，同住地球村，
为梦想，千里行，相会在北京。
来吧！朋友，伸出你的手，
我和你，心连心，永远一家人。

▼ 직접 해석해 보고, 모범 해석 확인 후 다시 읽어 보세요.

단어 | 刘欢 Liú Huān 인명 리우환 | 莎拉·布莱曼 Shālā Bùláimàn 인명 사라 브라이트만 |
连 lián 동 연결하다 | 梦想 mèngxiǎng 명 꿈 | 行 xíng 동 가다 | 伸出 shēnchū 동 펼치다

감동의 독해

편지, 성어, 산문 등 감동적인 내용으로 구성하였으며,
서면어를 해석하는 방법과 중국의 문학작품을 감상하는 방법을 알아봅니다.

11과 편지 书信 — 143

12과 성어 고사 成语故事 — 155

13과 성경 이야기 圣经故事 — 167

14과 고시 古诗 — 179

15과 현대산문 现代散文 — 191

11과 편지
书信

독해
+ 연애편지
+ 연하장

맛있는 표현
1 记得
2 终于
3 懂得
4 一切

편지

　현대 사회에서는 통신의 발달로 인해 편지의 이용이 줄어들고 있지만, 그래도 여전히 마음을 전하기에 가장 좋은 수단은 편지입니다. 편지의 기본적인 내용은 일반적인 독해 지문과 크게 다르지 않습니다. 다만, 편지의 서두 부분과 마무리 부분, 그리고 편지봉투에 기재하는 사항들은 대상에 따라 문체나 형식이 조금씩 다르게 적용되고, 평소에는 잘 쓰지 않는 표현을 쓰기도 합니다. 이번 과에서는 헤어진 여자친구에게 다시금 사랑을 고백하는 연애편지를 읽어 보면서 편지의 형식과 표현을 알아봅시다.

收件人
青良梅 亲启

寄件人
刘俊 寄

信封(편지봉투)

贺年卡(신년카드)

편지 관련 표현 미리 맛보기

1. 편지의 서두 부분 표현

> A 的 + ○○○(이름) + B
>
> A : 亲爱 qīn'ài 사랑하는 | 尊敬 zūnjìng 존경하는 | 敬爱 jìng'ài 존경하고 사랑하는
> B : ○○○兄 ○○○ 형(친형제가 아님) | ○○○先生 ○○○ 선생님 |
> 　　○○○老师 ○○○ 선생님(스승님)

예) 尊敬的王明老师
　　존경하는 왕밍 선생님

2. 편지의 마무리 부분 표현

> 此致 cǐzhì 여기서 이만 줄입니다 | 敬礼 jìnglǐ 인사 드립니다 | 敬上 jìngshàng 드립니다
>
> 祝 + (你) + ┌ 万事如意 wàn shì rú yì 모든 일이 뜻대로 이루어지기를 빕니다
> 　　　　　├ 平安 píng ān 평안하시길 빕니다
> 　　　　　└ 一切都好 yíqiè dōu hǎo 모든 일이 잘 되기를 빕니다

예) 此致，祝你平安！李东民敬上。
　　여기서 이만 줄입니다, 평안하세요! 이동민 드림

3. 편지봉투 기재사항

> 寄件人 jìjiànrén 보내는 사람 | ○○○寄 ○○○ jì ○○○ 보냄
> 收件人 shōu jiàn rén 받는 사람 | ○○○收 ○○○ shōu ○○○ 귀하
> ○○○敬启 ○○○ jìngqǐ ○○○ 귀하
> ○○○亲启 ○○○ qīnqǐ ○○○께서 직접 뜯어 보십시오

예) 王明老师敬启
　　왕밍 선생님 귀하

情 书

❶亲爱的 ❷阿惠:

　　最近过得好吗？时间过得真快，我们分开已经一年多了，还是十分想念你。最近，翻开我们俩的相册看着以前一起照的相片。当年的画面又一个一个地浮现在我的眼前。

　　还记得每次我打篮球的时候，你站在球场边看着我微笑的样子，我生日时你悄悄地为我准备我爱吃的食物，每天晚自习后我们一同走在校园的小路上聊着我们小时的事情。那时，我每天晚上都想着你的笑脸入睡，早晨一起来就兴奋着可以与你见面。那段时间是我最幸福的日子，真想回到从前和你一起吃饭，一起聊天。

　　每次看到你的照片，我的心里好像有一个大空洞似的，让我忧伤。一年中我试过很多次想忘掉你，但我实在是做不到。想起当时你说要离开这儿去留学时，我的心很痛，但我不能说出来，因为怕你将来后悔放弃了好机会而选择我。很多次我想把你留下来，话到嘴边又收了回去。是因为我对自己没有信心，担心将来我不能给你好的生活。现在想起来，真是十分后悔。分手后我能做的就是让自己忘掉你，否认自己曾经那样爱过你。但是亲爱的阿惠，我做不到。因为我确实深深地爱着你，想和你在一起。这么长时间了，这个想法每天都在我的脑子里出现，今天终于提起勇气给你写这封信，希望你明白我的真心。

　　阿惠！人失去以后才懂得珍惜，失去你以后我才知道你在我的生命中是多么重要的存在。我不想再失去你！你呢？你离开这儿后，是否心里也一直想念着这里的事和这里的人呢？我在你心里还是像原来那样重要吗？你还爱我吗？我等待你的回信！

　　祝一切都好！

爱你的：阿全

알아두면 유용한 상식

① 亲爱的 (친애하는)

亲爱的란 '친애하는'이라는 뜻으로, 가깝고 친한 사이에 쓰는 표현이다. 영어의 'Dear', 우리말로 '사랑하는'에 해당한다. 좀 더 공손하고 예의를 차려야 한다면 尊敬的나 敬爱的를 사용하는 것이 좋다.

② 阿惠 (아훼이)

阿惠는 이름이 아니고 이름 끝 글자 惠 앞에 阿를 붙여서 만든 애칭이다. 예를 들면 刘德华의 애칭은 阿华가 될 수 있다. (그래서 홍콩영화에서 刘德华는 阿华로 많이 불린다.) 주로 중국 남방지역에서 많이 쓰이는 표현이다.

맛있는 단어 Y.u.m.m.y.W.o.r.d.s

- 情书 qíngshū 몡 연애편지
- 翻开 fānkāi 동 펼치다
- 相册 xiàngcè 몡 사진앨범
- 当年 dāngnián 몡 그 해
- 画面 huàmiàn 몡 화면
- 浮现 fúxiàn 동 떠오르다
- 微笑 wēixiào 몡동 미소(짓다)
- 悄悄地 qiāoqiāo de 부 몰래
- 笑脸 xiàoliǎn 몡 웃는 얼굴
- 入睡 rùshuì 동 잠자리에 들다
- 兴奋 xīngfèn 형 흥분하다
- 幸福 xìngfú 형 행복하다
- 空洞 kōngdòng 몡 구멍
- 忘掉 wàngdiào 동 잊어버리다
- 将来 jiānglái 몡 장래, 미래
- 后悔 hòuhuǐ 동 후회하다
- 放弃 fàngqì 동 포기하다, 버리다
- 选择 xuǎnzé 동 선택하다
- 嘴边 zuǐbiān 몡 입가
- 确实 quèshí 부 확실히
- 脑子 nǎozi 몡 머리
- 终于 zhōngyú 부 결국
- 勇气 yǒngqì 몡 용기
- 封 fēng 양 통(편지를 세는 단위)
- 失去 shīqù 동 잃어버리다
- 懂得 dǒngde 동 ~할 줄 알다
- 珍惜 zhēnxī 동 아끼다, 소중히 여기다
- 一切 yíqiè 대 모든

체크체크

Q 보기에 주어진 단어를 이용해 빈칸을 채워 보세요.

보기   封   放弃   翻开   浮现   情书

1. 请大家（　　）第25页！
2. 他的笑容每天晚上（　　）在我的眼前。
3. 我真后悔（　　）了那次机会。
4. 他寄给我了一（　　）（　　）。

본문 내용을 읽은 후, 아래 질문에 답해 보세요.

1. 这是哪种书信?

　　① 家书　　② 情书　　③ 求职信　　④ 慰问信

2. 他们分开了多长时间?

　　① 一个月多　　② 半年多　　③ 一年多　　④ 两年多

3. 他们为什么分开了?

　　① 阿惠去留学　　② 阿全去留学　　③ 阿惠不喜欢阿全　　④ 阿全喜欢别的女孩

4. 阿全为什么写了这封信?

　　① 想再次跟阿惠交往。
　　② 想忘掉阿惠。
　　③ 想问阿惠什么时候回国。
　　④ 想找别的女朋友。

5. 请选出与上面不同的内容。

　　① 阿全不能忘掉阿惠。
　　② 阿全很后悔没留住阿惠。
　　③ 阿全很想念阿惠。
　　④ 阿全失去阿惠以后还不懂得珍惜。

맛있는 표현 Y.u.m.m.y.E.x.p.r.e.s.s.i.o.n

1 记得

> 还记得每次我打篮球的时候，你站在球场边看着我微笑的样子，…
>
> 매번 내가 농구를 할 때마다, 네가 운동장 옆에 서서 나를 보며 미소 짓던 모습을 아직 기억해, …

+ 记得는 '~을 기억하다'라는 표현이다. 뒤에는 일반적으로 명사나 구절이 오는데, 记得 뒤에는 보어가 따로 쓰이지 않는다.

▷ 我记得他的名字。
　난 그의 이름을 기억한다.

▷ 我还记得去年夏天你做了什么。
　해석

2 终于

> …，这个想法每天都在我的脑子里出现，今天终于提起勇气给你写这封信，…
>
> …, 이런 생각은 매일 내 머리 속에 떠올라서, 오늘 결국 용기를 내어 너에게 이 편지를 쓴다, …

+ 终于는 '결국, 마침내'라는 뜻의 부사로 '(바라던 일을) 마침내 이루다'라는 의미로 쓰인다.

　　　　　终于는 주어 뒤에서 쓰인다.
▷ 他终于说服了阿惠跟她结婚。　그는 결국 아휘를 설득하여, 그녀와 결혼하기로 했다.
　　　　　　　　　终于 뒤에 형용사가 올 땐 상황의 변화를 나타내야 한다.
▷ 他的身体终于好一点了。

　해석

 说服 shuōfú 통 설득하다

3 懂得

> 人失去以后才懂得珍惜，失去你以后我才知道你在我的生命中是多么重要的存在。
>
> 사람은 잃어버린 후에야 비로소 아낄 줄 알게 된다고 하는데, 너를 잃고 나서야 비로소 난 네가 내 삶에서 얼마나 중요한 존재인지 알게 되었어.

+ 懂得는 '~할 줄 알다, ~하는 것을 이해하다'라는 뜻으로 뒤에는 방법이나 의미를 나타내는 구절이 나온다.

▷ 我懂得了真正的爱是什么！ 난 진정한 사랑이 무엇인지 알게 되었다!

▷ 她从小就懂得怎样照顾自己和弟弟。

해석

단어 照顾 zhàogù 동 돌보다

4 一切

> 祝一切都好!
>
> 모든 일이 잘 되길 빕니다!

+ 一切는 '모든(종류의 것)'이라는 뜻의 대명사이다. 주로 사물이나 일을 가리킬 때 쓰이며, 사람에게는 쓰지 않는다.

▷ 一切苦难都有意义。 모든 고난에는 의의가 있다.

▷ 你们遇到的一切问题都会解决的。

해석

단어 苦难 kǔnàn 명 고난 | 意义 yìyì 명 의의 | 解决 jiějué 동 해결하다

해석
1. 난 작년 여름에 네가 무엇을 했는지 기억하고 있다. 2. 그의 몸이 드디어 좀 나아졌다.
3. 그녀는 어릴 때부터 자신과 남동생을 어떻게 돌봐야 하는지 알았다. 4. 당신들이 직면한 모든 문제는 다 해결될 것입니다.

TEST 2

Y.u.m.m.y.E.x.p.r.e.s.s.i.o.n

1. 단어를 배열하여 문장을 만들어 보세요.

❶ 난 그의 이름을 기억한다.

　　他　我　名字　记得　的

　→ _____

❷ 그는 결국 아휘를 설득하여, 그녀와 결혼하기로 했다.

　　终于　他　结婚　说服　了　跟　阿惠　她

　→ _____

❸ 난 진정한 사랑이 무엇인지 알게 되었다!

　　我　爱　了　真正　的　什么　是　懂得

　→ _____

❹ 그녀는 어릴 때부터 자신과 남동생을 어떻게 돌봐야 하는지 알았다.

　　从　她　和　小　照顾　懂得　怎样　弟弟　就　自己

　→ _____

❺ 당신들이 직면한 모든 문제는 다 해결될 것입니다.

　　你们　的　解决　一切　遇到　都　会　的　问题

　→ _____

2. 다음 문장들을 본문 내용에 따라 순서에 맞게 배열하고 번역하세요.

> a. 但是亲爱的阿惠，我做不到
> b. 分手后我能做的就是让自己忘掉你
> c. 否认自己曾经那样爱过你
> d. 这么长时间了，这个想法每天都在我的脑子里出现
> e. 因为我确实深深地爱着你，想和你在一起

□ ⋯▶ □ ⋯▶ □ ⋯▶ □ ⋯▶ □

번역
➡ _____

3. 우리말 문장에 맞도록 중국어로 쓰세요. 문장 확장 연습

❶ 너는 했다.

➡ _____

❷ 너는 무엇을 했니?

➡ _____

❸ 작년 여름에 너는 무엇을 했니?

➡ _____

❹ 난 작년 여름에 네가 무엇을 했는지 기억하고 있다.

➡ _____

贺年卡 (연하장)

亲爱的娜娜:

2010年很快就过去了，你在这一年里有什么收获吗？
在新的一年里，祝你学习更上一层楼！万事如意！
希望我们的友谊地久天长！

你永远的朋友阿美
2010年12月30日

▼ 직접 해석해 보고, 모범 해석 확인 후 다시 읽어 보세요.

贺年卡 hèniánkǎ 명 신년카드 | 收获 shōuhuò 명 수확, 성과 | 一层楼 yì céng lóu 한층 | 友谊 yǒuyì 명 우의, 우정 | 地久天长 dì jiǔ tiān cháng 영원히 변치 않다

12과

성어 고사
成语故事

독해
- 草船借箭 초선차전
- 塞翁失马 새옹지마

맛있는 표현
1 总
2 以免
3 起来①
4 趁着

성어 고사

　　중국어 문장을 독해하다 보면, 가끔씩 나오는 성어 때문에 해석이 막히는 경우가 생깁니다. 성어는 중국의 유구한 역사를 바탕으로 각각의 사연이 녹아 있는 표현이며, 그 수를 셀 수 없을 정도로 많습니다. 독해를 잘 하려면 먼저 성어를 정복해야 하지만, 그것이 쉽지만은 않습니다.

　　이번 과에서는 삼국시대를 역사적 배경으로 둔 성어 중에 '草船借箭(초선차전)'을 읽어 보겠습니다. 이 성어의 고사는 제갈량이 조조군에게서 화살 10만 대를 얻은 고사에서 유래되었으며, 중국 영화의 소재로 사용되어 더 많이 알려지게 되었습니다. 성어 고사를 읽고, 우리가 쉽게 파악할 수 있는 성어를 위주로 쓰임과 독해하는 방법을 알아봅시다.

영화 〈적벽대전〉에서 조조군의 화살을 얻어 돌아오는 제갈량

필수 성어 미리 맛보기

1. 역사적 배경지식이 필요한 성어

四面楚歌 sì miàn chǔ gē 사면초가(항우와 유방의 이야기)
卧薪尝胆 wò xīn cháng dǎn 와신상담(오나라 부차와 월나라 구천의 복수 이야기)
草船借箭 cǎo chuán jiè jiàn 남의 것으로 목적을 이루다
　　　　　　　　　　　　　　(제갈량이 지혜로 화살 10만 대를 얻는 이야기)
塞翁失马 sài wēng shī mǎ 새옹지마(말을 잃어버린 변방의 노인 이야기)

> 예 我已经四面楚歌，没有希望了。 난 이미 사면초가에 처했어, 희망이 없어졌어.

2. 숫자가 들어가거나 같은 글자가 반복되는 성어

百发百中 bǎi fā bǎi zhòng 백발백중
十全十美 shí quán shí měi (열 개가 모두) 완전하고 아름답다
千辛万苦 qiān xīn wàn kǔ 천신만고(엄청난 수고와 고생)
不见不散 bú jiàn bú sàn 만나지 못하면 떠나지 않는다(반드시 만난다)
没完没了 méi wán méi liǎo 끝나지 않는다(한도 끝도 없다)

> 예 她的男朋友是个十全十美的人。 그녀의 남자친구는 완벽한 사람이다.

3. 각각의 글자로 의미를 파악할 수 있는 성어

无路可走 wú lù kě zǒu 갈 수 있는 길이 없다(궁지에 몰리다)
无药可救 wú yào kě jiù 구할 수 있는 약이 없다(어찌할 도리가 없다)
深谋远虑 shēn móu yuǎn lǜ 깊이 모색하고 멀리 생각하다(주도면밀하고 원대하게 계획하다)
后顾之忧 hòu gù zhī yōu 후에 살펴야 할 걱정(후환)
不知所措 bù zhī suǒ cuò 해야 할 바를 모르다(어찌할 바를 모르다)
大惊失色 dà jīng shī sè 크게 놀라 평소의 안색을 잃다(대경실색하다)
苦尽甘来 kǔ jǐn gān lái 쓴 것이 다하면 단 것이 온다(고진감래)

> 예 他解决了我们的后顾之忧。 그는 우리의 후환을 해결했다.

草船借箭

　　在三国时代，曹操(Cáo Cāo)带领一百万大军，准备攻打刘备。刘备(Liú Bèi)无路可走，只能请吴国帮助抵挡曹操，吴国答应和刘备结盟。

　　当时吴国的❶大都督是周瑜(Zhōu Yú)，他知道刘备的❷军师诸葛亮(Zhūgě Liàng)是个深谋远虑的人，也非常嫉妒诸葛亮的才能，总想找个理由杀掉他，以免后顾之忧。一天，周瑜让诸葛亮造10万支箭，并说10天内就要。诸葛亮痛快地答应了，说："我3天之内就送10万支箭过来，如果拿不出我甘愿受罚。"周瑜很是吃惊。

　　诸葛亮借了20条船，600名士兵，把每条船用布蒙住，两边堆好一捆捆的干草。周瑜知道这一情况后，心里非常怀疑，不知诸葛亮又在玩什么花样。到第三天，天还没亮，诸葛亮就说："我现在要去取箭了。"然后，把20条船用长绳连起来，一直往江北划去。当时，江上雾很大，看不见对面的人。士兵心里都不明白，问诸葛亮怎么回事。诸葛亮只是笑，并不回答。

不久，船趁着大雾靠近曹操的水寨，诸葛亮命令把船头朝东船尾向西，一字摆开，又叫士兵一起敲鼓大喊。曹操听到报告，就说："雾天作战，怕有埋伏。先让弓箭手向他们射箭，雾散后再进军。"于是，箭像雨点一样射向那20条船。

　　箭准确地落在草捆上，排得密密麻麻。过了一会儿，诸葛亮命令船头掉过来，再从西向东排开，于是，另一面又被射满了箭。太阳要升起来后，雾也快散了。诸葛亮命令兵士开船，并一起大喊："谢谢丞相的箭！"

　　这时曹操才发现上了当，大惊失色，但是要追也来不及了。二十条船回来后，一数船上的箭共有十万支。从此以后周瑜更嫉妒诸葛亮了。

알아두면 유용한 상식

❶ **大都督** (대도독)
大都督 dàdūdū는 현대의 총사령관 또는 참모총장에 해당한다.

❷ **军师** (책사)
军师 jūnshī는 현대의 작전참모에 해당한다.

맛있는 단어
Y.u.m.m.y.W.o.r.d.s

- 攻打 gōngdǎ 통 공격하다
- 吴国 Wúguó 명 오나라
- 抵挡 dǐdǎng 통 막다
- 结盟 jié méng 통 동맹을 맺다
- 嫉妒 jídù 통 질투하다
- 杀掉 shādiào 통 죽여버리다
- 以免 yǐmiǎn 접 ~하지 않도록
- 箭 jiàn 명 화살
- 甘愿受罚 gān yuàn shòu fá 처벌을 달게 받다
- 布 bù 명 천
- 蒙住 méngzhù 통 덮어 씌우다
- 堆 duī 통 쌓다
- 一捆捆 yì kǔn kǔn 한 묶음씩
- 干草 gāncǎo 명 마른풀, 건초
- 怀疑 huáiyí 통 의심하다
- 玩花样 wán huāyàng 통 잔꾀를 부리다
- 长绳 chángshéng 명 긴 밧줄
- 划 huá 통 배를 젓다
- 雾 wù 명 안개
- 趁着 chènzhe 전 ~를 틈타
- 靠近 kàojìn 통 접근하다

- 水寨 shuǐzhài 명 수상요새
- 朝 cháo 전 ~를 향해
- 摆开 bǎikāi 통 ~을 늘어놓다
- 敲鼓 qiāo gǔ 통 북을 치다
- 大喊 dàhǎn 통 크게 함성을 지르다
- 作战 zuò zhàn 통 전투하다, 작전하다
- 埋伏 máifú 통 매복하다
- 散 sàn 통 흩어지다
- 弓箭手 gōngjiànshǒu 명 궁수
- 射箭 shè jiàn 통 화살을 쏘다
- 雨点 yǔdiǎn 명 빗방울
- 准确 zhǔnquè 형 정확하다
- 草捆 cǎokǔn 건초묶음
- 密密麻麻 mìmimámá 형 빽빽하다
- 掉 diào 통 방향을 돌리다
- 由 yóu 전 ~부터
- 另 lìng 대 다른
- 升 shēng 통 솟아 오르다
- 丞相 chéngxiàng 명 승상
- 上当 shàng dàng 통 꾐에 빠지다, 속임을 당하다

체크 체크

Q 보기에 주어진 단어를 이용해 빈칸을 채워 보세요.

| 보기 | 抵挡　　靠近　　怀疑　　结盟 |

1. 吴军已经（　　　）了水寨。
2. 韩国和美国（　　　）了。
3. 他一直（　　　）小王偷了他的钱。
4. 我们在（　　　）他们的攻击。

본문 내용을 읽은 후, 아래 질문에 답해 보세요.

1. 周瑜是谁?

　　① 曹操的部下　② 刘备的部下　③ 吴国的丞相　④ 吴国的大都督

2. 诸葛亮要多长时间造十万支箭?

　　① 三天　　② 五天　　③ 十天　　④ 一个月

3. 周瑜为什么让诸葛亮造十万支箭?

　　① 他喜欢诸葛亮。

　　② 他们没有箭。

　　③ 他相信诸葛亮能做到。

　　④ 他想杀掉诸葛亮。

4. 曹操为什么大惊失色?

　　① 发现雾很大。

　　② 发现吴军攻击他们。

　　③ 发现吴军埋伏。

　　④ 发现自己上当了。

5. 请选出与上面不同的内容。

　　① 刘备请吴国帮助抵挡曹操军。

　　② 周瑜嫉妒诸葛亮。

　　③ 诸葛亮送十万支箭以后,周瑜相信他了。

　　④ 曹操的职位是丞相。

12 成语故事

맛있는 표현
Y.u.m.m.y.E.x.p.r.e.s.s.i.o.n

> …，总想找个理由杀掉他，以免后顾之忧。
> …, 후환을 남기지 않으려 늘 그를 죽여버릴 이유를 찾으려 했다.

1 总

+ 总은 '늘, 항상'이라는 뜻의 부사로 뒤에는 대부분 동사가 오고, 때에 따라서 总是의 형태로 쓰이기도 한다.

▷ 他<u>总</u>想帮助我，常送给我礼物。
　　　조동사는 总 뒤에 위치한다.

그는 항상 나를 도우려 하고, 나에게 자주 선물을 준다.

▷ 她<u>总是</u>这么<u>温柔</u>，大家都很喜欢她。
　　　뒤에 형용사가 올 경우 [总是 + 这么/那么 + 형용사]의 형식이 된다.

[해석]

 温柔 wēnróu [형] 부드럽다

2 以免

+ 以免은 접속사로서 A, B 두 문장 사이에 쓰여, 'A함으로써 B를 하지 않으려 하다' 또는 'B하지 않으려고 A를 하다'라는 뜻으로 쓰인다.

▷ 他要提前办完手续，<u>以免</u>发生麻烦。

그는 번거로운 일이 생기지 않게 하려고 미리 수속을 마치려 한다.

▷ 他总把钱存在银行，<u>以免</u>丢失。

[해석]

 提前 tíqián [부] 미리 | 办手续 bàn shǒuxù 수속하다 | 丢失 diūshī [동] 잃어버리다

3 起来①

> 然后，把20条船用长绳连起来，一直往江北划去。
> 그런 후에, 20척의 배를 긴 밧줄로 연결해서, 곧장 강북으로 배를 저어갔다.

+ 起来는 '일어나다'라는 뜻이지만 동사 뒤에서 보어로 쓰일 때는 '(동작을 통해 흩어진 물건이) 한 곳으로 집중되다, 모이다'라는 의미로도 쓰인다.

▷ 快把行李收起来！
　빨리 (흩어진) 짐을 꾸려라!

▷ 他们把箭捆起来了。

단어 捆 kǔn 동 묶다

4 趁着

> 不久，船趁着大雾靠近曹操的水寨。
> 얼마 지나지 않아, 배는 안개가 심한 틈을 타서 조조군의 수상요새에 접근해갔다.

+ 趁着는 '~하는 틈을 타서, ~을 이용해서'라는 의미의 전치사로 뒤에 오는 단어가 한 글자인 경우 着를 생략하는 경우가 많다.

趁着 뒤에 주로 구절이 나온다.
▷ 哥哥趁着妈妈不在，偷偷地喝酒了。
　형은 엄마가 안 계신 틈을 타서, 몰래 술을 마셨다.

趁着 뒤에 명사가 나올 수 있다.
▷ 我们趁着这次假期，去中国旅游吧。

해석 1. 그녀는 항상 이렇게 부드러워서, 모두들 그녀를 좋아한다.　2. 그는 잃어버리지 않기 위해, 항상 돈을 은행에 저금한다.
3. 그들은 화살을 (한데) 묶었다.　4. 우리 이번 휴가기간을 이용해서, 중국에 여행가자.

TEST 2

Y.u.m.m.y.E.x.p.r.e.s.s.i.o.n

1. 단어를 배열하여 문장을 만들어 보세요.

❶ 그녀는 항상 이렇게 부드러워서, 모두들 그녀를 좋아한다.

温柔   她   都   总是   她   大家   这么   很   喜欢

→ _____

❷ 그는 잃어버리지 않기 위해, 항상 돈을 은행에 저금한다.

他   在   总   丢失   把   存   钱   银行   以免

→ _____

❸ 그들은 화살을 (한데) 묶었다.

他们   箭   起来   把   捆   了

→ _____

❹ 형은 엄마가 안 계신 틈을 타서, 몰래 술을 마셨다.

喝   哥哥   酒   趁着   不在   偷偷地   妈妈   了

→ _____

❺ 우리 이번 휴가기간을 이용해서, 중국에 여행가자.

去   趁着   我们   旅游   假期   中国   这次   吧

→ _____

2. 다음 문장들을 본문 내용에 따라 순서에 맞게 배열하고 번역하세요.

> a. 到第三天，天还没亮，诸葛亮就说："我现在要去取箭了。"
> b. 当时，江上雾很大，看不见对面的人
> c. 然后，把20条船用长绳连起来，一直往江北划去
> d. 诸葛亮只是笑，并不回答
> e. 士兵心里都不明白，问诸葛亮怎么回事

☐ ⋯▶ ☐ ⋯▶ ☐ ⋯▶ ☐ ⋯▶ ☐

번역
→ _____
_____
_____
_____
_____

3. 우리말 문장에 맞도록 중국어로 쓰세요. 문장 확장 연습

❶ 그는 수속을 밟는다.

→ _____

❷ 그는 미리 수속을 마쳤다.

→ _____

❸ 그는 미리 수속을 마치려 한다.

→ _____

❹ 그는 번거로운 일이 생기지 않게 하려고 미리 수속을 마치려 한다.

→ _____

塞翁失马 (새옹지마)

　　战国时期，有一位老人养了一匹马，有一天马突然丢了，他不找也不着急，而且还高兴。邻居们很纳闷就问："你马丢了你为什么不伤心反而高兴呢？"老人就说："塞翁失马，怎么知道这不是好事呢？"谁知道过了几天后，老人的马跑了回来而且还带回了一匹好马。

▼ 직접 해석해 보고, 모범 해석 확인 후 다시 읽어 보세요.

단어 战国时期 Zhànguó shíqī 전국시대 | 养 yǎng 동 키우다 | 匹 pǐ 양 필(말을 세는 단위) | 邻居 línjū 명 이웃 | 纳闷 nàmèn 동 (궁금해서) 답답해하다 | 反而 fǎn'ér 부 반대로, 오히려 | 塞翁 sài wēng 변방의 노인

13과 성경 이야기
圣经故事

독해
- 탕자의 비유
- 잃어버린 양의 비유

맛있는 표현
1. 起来②
2. 过来
3. 难道
4. 从来

성경

성경은 아주 오래된 기록물 중 하나이며, 인류 역사상 가장 많이 발행된 책으로도 알려져 있습니다. 또한 전세계 대부분의 언어로 번역되어 있으며, 크리스트교 신자뿐만 아니라 많은 사람들이 관심을 가지고 연구하는 책이기도 합니다. 성경은 중국어로도 번역이 되어 있으며, 성경의 이야기들은 비유로 이루어진 것이 많아, 읽는 이로 하여금 읽고 난 후에 다시 한번 생각해 보게 합니다. 이번 과에서는 성경의 가장 대표적인 비유인 돌아온 탕자의 이야기를 읽고, 성경에서 상징하는 의미에 대해서도 생각하며 읽어 봅시다.

'탕자의 비유'(성경 누가복음 15장)

중국어판 성경

미리 맛보기 - 문장 감각 익히기 ⑥

1 문장의 수식관계를 파악한다.

> 没有 人 / 给他吃。 그에게 먹게 해주는 사람이 없다.
>
> 找个 理由 / 杀掉他。 그를 죽여버릴 이유를 찾다.

예 我有机会 / 去中国留学。 난 중국에 유학 갈 기회가 있다.

2 주어가 또 다른 주어에게 무언가를 하게 하는 겸어문을 파악한다.

> 那人 打发 / 他 到田里去放猪。 그 사람은 그를 밭으로 보내 돼지를 치게 했다.
>
> 父亲出来 劝 / 他 进去。 아버지는 나와서 그에게 들어오라고 권유했다.

예 叫了 / 一个仆人来。 하인 한 명을 오게 했다.

3 반전의 느낌을 나타내는 부사를 파악한다.

> 父亲却吩咐仆人说，… (却: 오히려) 아버지는 오히려 하인에게 분부하며 말했다. …
>
> 你倒这样欢喜快乐！ (倒: 오히려) 당신은 오히려 이렇게 기뻐하지 않습니까!

예 你为什么不伤心反而高兴呢？ (反而: 오히려) 당신은 왜 상심하지 않고 오히려 기뻐하죠?

4 부정부사가 부정하는 범위를 파악한다.

> 你没有给过我什么好东西，让我和朋友一同唱歌跳舞。
> (문장이 완전히 끝난 것이 아니기 때문에 뒷문장까지 부정해야 한다.)
> 당신은 내게 친구들과 함께 노래하고 춤출 수 있도록 어떤 좋은 것도 준 적이 없어요.

예 我没有机会跟中国人聊天，提高我的中文水平。
난 중국 사람들과 이야기 할 기회가 없어서 중국어 수준을 향상시키지 못했다.

13 圣经故事 169

❶浪子的比喻

　　某人有两个儿子。小儿子对父亲说："爸爸，请把我应得的家产分给我。"父亲就把财产分给他们两兄弟。

　　过了不多几天，小儿子收拾一切，到远方去了，在那里生活放荡，浪费钱财。他花尽了一切所有的，又遇上了严重的饥荒，就穷困起来；于是他去投靠当地的一个居民。那人打发他到田里去放猪，他恨不得吃猪所吃的食物，但是没有人给他吃。

　　他醒悟过来，说："我父亲有那么多雇工，又有丰富的食物，我难道要在这里饿死吗？我要回到我父亲那里去，对他说：爸爸，我得罪了天，也得罪了你，不配再做你的儿子，就把我当作一个雇工吧！"

　　于是他起来往父亲那里去。他还在远处时，他父亲看见了他，就怜悯他，跑过去抱着他。儿子说："爸爸，我得罪了天，也得罪了你，不配再做你的儿子。"父亲却吩咐仆人说："快把那最好的❷衣服给他穿上，把❷戒指戴在他手上，把❷鞋穿在他脚上，因为我这儿子是死而复活、失而又得的。"

　　这时，大儿子正从田里回来，在离家不远的地方，听见音乐和跳舞的声音，就叫了一个仆人来，问他这是怎么一回事。

仆人说:"你弟弟回来了,你父亲因为他平安无恙地回来,非常高兴就把最好的衣服给他穿上。"大儿子非常生气,不肯进去;父亲出来劝他进去。

他对父亲说:"你看,我服侍你这么多年,从来没有违背过你的命令,可是你没有给过我什么好东西,让我和朋友一同唱歌跳舞。但你这个儿子,生活放荡,花尽了你的财产,他一回来,你倒这样欢喜快乐!"父亲对他说:"孩子,你常跟我在一起,我的一切都是你的。只是因为你这个弟弟是死而复活、失而又得的,所以我们应当欢喜快乐。"

알아두면 유용한 상식

① 浪子的比喻 (탕자의비유)
성경 누가복음 15장에 나오는 '탕자의비유'이다. 浪子làngzi란 부랑자(건달)인데, 본문에서 아버지는 하나님, 탕자는 인간을 의미한다.

② 衣服、戒指、鞋 (옷과 반지, 신발)
아버지가 탕자에게 준 옷과 반지, 신발에는 성경에서 상징하는 의미가 있다. 옷은 십자가를 의미하며, 반지는 아들의 자격을 회복시켜 주는 것을 의미한다. 신발은 발에 신발을 신김으로써 아들에게 평강과 안식을 주는 것을 의미한다.

맛있는 단어
Y.u.m.m.y.W.o.r.d.s

- 某人 mǒurén 몡 어떤 사람
- 家产 jiāchǎn 몡 집안 재산
- 财产 cáichǎn 몡 재산
- 收拾 shōushi 동 수습하다, 꾸리다
- 放荡 fàngdàng 형 방탕하다
- 严重 yánzhòng 형 심각하다
- 饥荒 jīhuāng 몡 기근
- 穷困 qióngkùn 형 빈궁하다
- 投靠 tóukào 동 의탁하다, 빌붙다
- 当地 dāngdì 몡 현지
- 居民 jūmín 몡 주민
- 打发 dǎfā 동 보내다
- 放猪 fàng zhū 동 돼지를 치다
- 醒悟 xǐngwù 동 각성하다
- 雇工 gùgōng 몡 일꾼
- 丰富 fēngfù 형 풍성하다
- 难道 nándào 부 설마 ~란 말인가

- 得罪 dézuì 동 죄를 짓다
- 不配 búpèi 동 걸맞지 않다, 자격이 없다
- 当作 dàngzuò 동 삼다, 여기다
- 怜悯 liánmǐn 동 불쌍히 여기다
- 抱 bào 동 안다, 포옹하다
- 吩咐 fēnfù 동 분부하다
- 仆人 púrén 몡 하인, 종
- 戒指 jièzhǐ 몡 반지
- 死而复活 sǐ ér fùhuó 죽었다가 부활하다
- 失而又得 shī ér yòu dé 잃었다가 다시 얻다
- 平安无恙 píng'ān wú yàng 무사하다
- 不肯 bùkěn ~하려고 하지 않다
- 服侍 fúshì 동 섬기다
- 从来 cónglái 부 지금까지, 여태까지
- 违背 wéibèi 동 위배하다, 어기다
- 欢喜 huānxǐ 동 기뻐하다

체크체크

Q 보기에 주어진 단어를 이용해 빈칸을 채워 보세요.

보기 违背   不配   怜悯   当作

1. 他们把我（   ）自己的家人。
2. 我（   ）做你的男朋友，我们分手吧。
3. 不要（   ）你父亲的意思。
4. 求你（   ）我吧!

본문 내용을 읽은 후, 아래 질문에 답해 보세요.

TEST 1

1. 小儿子离开家以后，他的生活怎么样？

　　① 很放荡　　② 很勤劳　　③ 很幸福　　④ 很完美

2. 小儿子为什么决定回家？

　　① 他后悔离开家。　　　　② 他要哥哥的财产。

　　③ 妻子在家里等他。　　　④ 不知道。

3. 小儿子回来的时候，哪一个不是父亲的反应？

　　① 给小儿子很多东西。

　　② 不让小儿子进来。

　　③ 抱着小儿子。

　　④ 怜悯小儿子。

4. 弟弟回来以后哥哥的态度怎么样？

　　① 很高兴　　② 很着急　　③ 很不高兴　　④ 很满意

5. 请选出与上面不同的内容。

　　① 父亲很爱小儿子。

　　② 父亲很希望小儿子回来。

　　③ 父亲也爱大儿子。

　　④ 父亲把小儿子当作雇工。

13 圣经故事　173

맛있는 표현
Y.u.m.m.y.E.x.p.r.e.s.s.i.o.n

1 起来②

> …，就穷困起来；于是他去投靠当地的一个居民。
>
> …, 곤궁해지기 시작했다. 그래서 그는 현지의 주민에게 빌붙게 되었다.

✚ 起来는 '일어나다'라는 뜻이지만, 동사나 형용사 뒤에서 보어로 쓰이면 '~하기 시작하다'라는 뜻으로도 쓰인다. 목적어는 起와 来 사이에 들어간다.

　　　　　　　　　　　형용사 뒤에 쓰일 때는 상황의 변화를 의미한다.
▷ 天气又冷起来了。

　날씨가 또 추워지기 시작했다.

　　　　　　　　　　目적어는 起와 来 사이에 위치한다.
▷ 出门的时候，下起雨来了。

 해석

2 过来

> 他醒悟过来，说："我父亲有那么多雇工，又有丰富的食物，…
>
> 그는 문득 깨닫고는 말했다. "우리 아버지는 그렇게 많은 일꾼들이 있고, 또 먹을 것이 풍성한데, …

✚ 过来는 '건너오다'라는 뜻이지만, 동사 뒤에서 보어로 쓰이면 '(비정상적인 상태에서 정상적인 상태 혹은 좋은 상태로) 돌아오다'라는 뜻으로 쓰인다.

▷ 医生把他救活过来了。　의사가 그를 살려냈다.

▷ 他喝了太多酒，实在醒不过来。

　　　　　　　　　　　　[동사＋不＋过来]: 정상적인 상태로 돌아올 수 없다

 해석

단어 　救活 jiùhuó 동 생명을 구하다 ｜ 醒 xǐng 동 깨다

3 难道

> …，我难道要在这里饿死吗？
> …, 내가 설마 여기서 굶어 죽는 것은 아니겠지?

+ 难道는 '설마 ~란 말인가, 설마 ~는 아니겠지'라는 뜻의 부사로 문장 뒤에 吗나 不成이 함께 쓰인다.

▷ 难道你一定要去留学不成？
　　　　　　　　　　　　难道와 호응
　설마 너 반드시 유학을 가야 하는 건 아니겠지?

▷ 难道你也喜欢王老师吗？
　　　　　　　　　　难道와 호응

해석

4 从来

> 你看，我服事你这么多年，从来没有违背过你的命令，…
> 보세요, 저는 이렇게 오랫동안 아버지를 섬기면서, 여태껏 아버지의 명령을 어겨본 적이 없습니다, …

+ 从来는 '지금까지, 여태까지'라는 뜻으로 대부분 뒤에 부정형이 와서 '지금까지 ~해본 적이 없다, ~하고 있지 않다'의 의미로 쓰인다.

▷ 我从来不抽烟。 나는 여태껏 담배를 피우지 않고 있다.

▷ 他从来没有借过别人的东西。

해석

해석 1. 집을 나설 때, 비가 내리기 시작했다. 2. 그는 술을 너무 많이 마셔서, 정말로 깨어나지 못한다.
3. 설마 너도 왕 선생님을 좋아하는 건 아니겠지? 4. 그는 여태껏 다른 사람의 물건을 빌려본 적이 없다.

TEST 2

Y.u.m.m.y.E.x.p.r.e.s.s.i.o.n

1. 단어를 배열하여 문장을 만들어 보세요.

① 집을 나설 때, 비가 내리기 시작했다.

时候 了 雨 下 出门 来 的 起

→ _____

② 그는 술을 너무 많이 마셔서, 정말로 깨어나지 못한다.

实在 他 酒 了 多 过 醒 不 喝 太 来

→ _____

③ 설마 너도 왕 선생님을 좋아하는 건 아니겠지?

喜欢 你 王老师 也 难道 吗

→ _____

④ 나는 여태껏 담배를 피우지 않고 있다.

抽烟 我 不 从来

→ _____

⑤ 설마 너 반드시 유학을 가야 하는 건 아니겠지?

要 难道 你 不成 一定 去 留学

→ _____

2. 다음 문장들을 본문 내용에 따라 순서에 맞게 배열하고 번역하세요.

> a. 在那里生活放荡，浪费钱财
> b. 于是他去投靠当地的一个居民
> c. 他花尽了一切所有的，又遇上了严重的饥荒，就穷困起来
> d. 那人打发他到田里去放猪，他恨不得吃猪所吃的食物，但是没有人给他吃
> e. 过了不多几天，小儿子收拾一切，到远方去了

□ ⋯▶ □ ⋯▶ □ ⋯▶ □ ⋯▶ □

번역
→

3. 우리말 문장에 맞도록 중국어로 쓰세요. 문장 확장 연습

❶ 그는 빌리지 않았다.

→

❷ 그는 물건을 빌려본 적이 없다.

→

❸ 그는 다른 사람의 물건을 빌려본 적이 없다.

→

❹ 그는 여태껏 다른 사람의 물건을 빌려본 적이 없다.

→

失羊的比喻 (잃어버린 양의 비유)

耶稣就对门徒讲了这个比喻，说："你们中间谁有一百只羊，失去一只，不把九十九只留下在旷野，去寻找那失落的，直到找着呢？找着了，就欢欢喜喜地放在肩上，回到家里，请朋友邻舍来，对他们说：'请大家和我一同欢乐，因为我失去的羊已经找到了！'我告诉你们，因为一个罪人悔改，天上也要这样为他欢乐，比为九十九个不用悔改的义人欢乐更大。"

▼ 직접 해석해 보고, 모범 해석 확인 후 다시 읽어 보세요.

耶稣 Yēsū 인명 예수 | 门徒 méntú 명 제자 | 讲 jiǎng 동 강론하다 | 旷野 kuàngyě 명 광야 |
寻找 xúnzhǎo 동 찾다 | 失落 shīluò 동 잃다 | 肩 jiān 명 어깨 | 邻舍 línshè 명 이웃 |
罪人 zuìrén 명 죄인 | 悔改 huǐgǎi 동 회개하다 | 为 wèi 전 ~로 인해

14과 고시

古诗

독해
- 왕안석의 '梅花 매화'
- 왕안석의 '山中 산중'

맛있는 표현
1. 冒着
2. 出
3. 通过
4. 胜于

고시(古诗)

중국문학에서 시(诗)와 사(词)는 가장 중요한 위치를 차지한다고 할 수 있습니다. 중국의 고시는 여러 형식과 종류가 있는데, 이 과에서는 5언절구를 소개하겠습니다. 5언절구는 한 행이 다섯 글자, 모두 4행으로 이루어진 시입니다. 5언절구 중에서도 송나라의 개혁 정치인 왕안석의 시를 통해 한시를 감상하는 방법을 알아봅시다.

北宋(북송) 때 시인, 王安石(왕안석)

王安石의 시 '梅花(매화)'에는 그의 정치적 신념이 반영되어 있다.

한시감상 미리 맛보기

1 작가의 삶과 사상, 당시의 시대상황을 파악한다.

> 시에는 작가의 삶과 사상이 녹아 있기 때문에 작가에 대해 미리 살펴보는 것이 중요하다. 이 과에서 감상할 왕안석의 '梅花'와 '山中'이란 시는 배경지식 없이 읽으면, 단순히 사물이나 자연을 노래한 시로 인식될 수 밖에 없을 것이다. 다음은 '梅花'의 한 구절이다.

 凌寒独自开。 닥쳐온 한파를 무릅쓰고 홀로 피었네.

이 시를 쓸 당시 왕안석은 개혁정치를 추진하다가 보수파의 반발을 사는데, 당시의 혼란한 정국에서 홀로 맞서 싸우는 자신의 처지를 위와 같은 시구로 표현했다.

2 시의 제목과 단어, 핵심구절을 통해, 작가의 의도를 파악한다.

> 시의 제목은 시에서 중요한 핵심단어이므로 제목을 읽으면 머리 속에 많은 것을 떠올릴 수 있다. 예를 들면 '梅花'라는 제목을 통해 어떤 내용이 전개될 것이라는 것을 유추할 수 있는데, 추운 겨울에 꽃을 피우는 매화는 굳건함과 절개의 상징이다. 그래서 작가의 주된 의도는 굳건함과 절개를 표현하는 것이라는 것을 짐작할 수 있다.

예 **为有暗香来**。 은은한 향기 불어오기 때문이다.

향기는 사람을 상쾌하게 하고 널리 퍼지는 것이므로 종종 인격에 비유되곤 한다. 여기에서도 시인이 자신의 '향기'가 널리 퍼질 것이라는 것을 말하고 있다.

3 시상의 전개방식을 파악한다.

> 5언절구의 시상은 [기-승-전-결]로 이루어진다. '기'에서는 시상을 불러 일으키고, '승'은 '기'의 내용을 발전시키고, '전'에서 변화를 주며, '결'에서 시상을 마무리한다. 대부분 핵심내용은 '결'구에 포함되어 있으며, '기, 승'에서는 객관적 상황이나 정경을 묘사하고, '전, 결'에서 작가의 주관적 감상이나 정서를 표현한다.

예 **功盖三分国，名成八阵图**。 공은 삼국을 뒤덮고, 팔진도로 명성을 얻었네.
　　江流石不转，遗恨失吞吴。 강은 흐르나 돌은 구르지 않으니, 오를 정복하지 못한 한이 남네.

이 시는 杜甫(두보)의 '八阵图(팔진도)'로써, 두보가 제갈량이 만든 팔진도의 유적을 보며 지은 시이다. '기, 승'은 제갈량에 대한 객관적이고 역사적인 평가이며, '전'에서 시상이 전환되고, '결'에서는 제갈량의 이루지 못한 대업에 대한 시인의 아쉬움을 나타낸다.

4 표현기법을 파악한다.

> 시에서 단어나 구절이 서로 대비(对比)되거나, 옛 이야기 또는 다른 작가의 글을 인용하는 등의 기법을 통해 시의 주제가 부각되므로, 이 부분에 중점을 두고 시를 감상한다면 좀 더 깊은 이해에 도움이 된다. 다음은 왕안석의 시 '山中'의 '기, 승' 절이다.

예 **随月出山去，** 달을 좇아 산을 나서,
　　寻云相伴归。 구름을 찾아 벗 하여 돌아왔네.

여기에서 달은 이상을 나타내는 도구이며, 구름은 허망함을 나타내는 도구로써 이 둘은 명확한 대비를 이룬다. 또 두 절의 전체 내용도 대비를 나타내며 아쉬움을 표현함으로써 앞으로 나올 주제를 부각시켜 주는 역할을 한다.

梅花

墙角数枝梅，
凌寒独自开。
遥知不是雪，
为有暗香来。

作者
❶王安石（1021-1086），❷北宋诗人，也是著名的改革派政治家。他的作品，以反映政治、历史以及社会现实为主。

古诗今译
墙角有几枝梅花冒着严寒独自开放。为什么远看就知道洁白的梅花不是雪呢？那是因为梅花隐隐传来阵阵的香气。

王安石写的梅花，洁白像雪，长在墙角，但一点也不自卑，远远地发出清香。诗人通过对梅花不畏严寒的赞赏，用雪比喻梅花的冰清玉洁，又用"暗香"指出梅胜于雪，说明坚强高贵的人格有伟大的魅力。作者在北宋复杂而艰难的局势下，积极改革，却得不到支持，其心态和处境，与梅花有共通的地方。诗人已知道改革失败，但也必会为社会的进步做出一定的贡献。诗人一点也不后悔自己的作为反而感到自豪。

알아두면 유용한 상식

❶ 王安石 (왕안석)

王安石 Wáng Ānshí는 당송8대가(당송시대 8대 문인) 중에 한 명으로, 백성들의 부담을 줄여 주고 국가재정을 강화하기 위해 균수법 등의 신법을 통해 개혁을 이루고자 하였으나, 사마광과 소식(소동파) 등이 포함된 구법당이라고 불리는 보수파와 대지주, 대상인들의 반발로 인해 개혁에 실패한 비운의 인물이다.

❷ 北宋 (북송)

北宋 BěiSòng은 당나라 멸망 후 세워진 나라로, 거란의 요와 여진의 금, 몽고제국의 침입에 시달려야 했으며, 내부적으로는 정치적 혼란을 겪었다. 원래의 국호는 송나라이지만, 금에 의해 수도 개봉이 함락되자, 남쪽으로 천도하여, 북송과 남송으로 구분된다. 혼란한 시대상황과는 달리 문화예술이 꽃을 피운 시기이다.

맛있는 단어 Y.u.m.m.y.W.o.r.d.s

- 梅花 méihuā 몡 매화
- 诗人 shīrén 몡 시인
- 著名 zhùmíng 혱 저명하다
- 改革派 gǎigé pài 몡 개혁파
- 政治家 zhèngzhìjiā 몡 정치가
- 作品 zuòpǐn 몡 작품
- 反映 fǎnyìng 동 반영하다
- 历史 lìshǐ 몡 역사
- 以及 yǐjí 접 ~ 및
- 社会 shèhuì 몡 사회
- 今译 jīnyì 몡 현대의 번역
- 墙角 qiángjiǎo 몡 담 구석, 모퉁이
- 冒着 mào zhe 동 무릅쓰다
- 严寒 yánhán 혱 심하게 춥다
- 独自 dúzì 부 홀로, 독자적으로
- 洁白 jiébái 혱 깨끗하다, 순결하다
- 隐隐 yǐnyǐn 혱 은은하다
- 阵 zhèn 양 바탕, 차례
  (중첩형 阵阵은 '간간이, 이따금씩'의 의미)
- 自卑 zìbēi 혱 스스로 열등하다고 느끼다
- 通过 tōngguò 전 ~를 통해

- 不畏 bú wèi 동 두려워하지 않다
- 赞赏 zànshǎng 동 칭찬하며 높이 평가하다
- 冰清玉洁 bīngqīng yùjié 고상하고 순결하다
- 指出 zhǐchū 동 가리키다
- 胜于 shèngyú 동 ~보다 낫다
- 坚强 jiānqiáng 혱 굳세다
- 人格 réngé 몡 인격
- 伟大 wěidà 혱 위대하다
- 魅力 mèilì 몡 매력
- 复杂 fùzá 혱 복잡하다
- 艰难 jiānnán 혱 곤란하다, 어렵다
- 局势 júshì 몡 정세, 국면
- 积极 jījí 혱 적극적이다
- 支持 zhīchí 동 지지하다
- 心态 xīntài 몡 심리상태
- 处境 chǔjìng 몡 처지
- 共通 gòngtōng 혱 통용되는, 공통의
- 贡献 gòngxiàn 몡 공헌
- 作为 zuòwéi 몡 행위, 업적
- 自豪 zìháo 혱 스스로 자랑스러운

체크체크

Q 보기에 주어진 단어를 이용해 빈칸을 채워 보세요.

| 보기 | 以及 | 指出 | 反映 | 支持 | 著名 |

1. 他是一位很 ( ) 的科学家。
2. 他的小说 ( ) 了现实生活。
3. 谢谢大家对我的 ( )。
4. 他们 ( ) 了学校的问题 ( ) 对策。

본문 내용을 읽은 후, 아래 질문에 답해 보세요.

1. 下面哪一个不是关于王安石？

  ① 是政治家　　② 是诗人　　③ 唐朝人　　④ 是改革派的

2. 跟梅花'对比'的单词是什么？

  ① 独自　　② 墙角　　③ 雪　　④ 暗香

3. 诗中的梅花代表的是谁？

  ① 皇帝　　② 王安石　　③ 老百姓　　④ 不知道

4. 诗中的"凌寒"指的是什么意思？

  ① 别人对他的支持

  ② 改革的成功

  ③ 北宋复杂而艰难的局势

  ④ 保守派的失败

5. 请选出与上面不同的内容。

  ① 暗香指的是坚强高贵的人格。

  ② 改革失败后，王安石很后悔。

  ③ 当时他得不到支持。

  ④ 王安石相信改革必会为社会进步做出一定的贡献。

맛있는 표현
Y.u.m.m.y.E.x.p.r.e.s.s.i.o.n

1 冒着

> 墙角有几枝梅花<u>冒着</u>严寒独自开放。
>
> 담 구석에 몇 가지의 매화가 심한 추위를 무릅쓰고 홀로 피었네.

➕ 冒着는 '~를 무릅쓰고'라는 뜻을 가지고 있는데, 뒤에는 죽음이나 위험, 폭풍 같은 부정적 어감의 명사가 쓰인다.

▷ 警察<u>冒着</u><u>暴风雨</u>来救我们了。 (부정적 어감)

경찰은 폭풍우를 무릅쓰고 우리를 구했다.

▷ 他<u>冒着</u>生命的<u>危险</u>来保护我们。 (부정적 어감)

 暴风雨 bàofēngyǔ 명 폭풍우 | 危险 wēixiǎn 명 위험 | 保护 bǎohù 동 보호하다

2 出

> …，但一点也不自卑，远远地发<u>出</u>清香。
>
> …, 그러나 조금도 스스로 비하하지 않으며, 맑은 향을 멀리 뿜어낸다.

➕ 出는 '나오다'라는 동사이지만, 동사 뒤에서 보어로 쓰이면 '(자신이 가지고 있는 것을) ~해내다'라는 뜻으로 쓰인다.

▷ 他为我们学校做<u>出</u>了很大的贡献。

그는 우리 학교를 위해 큰 공헌을 해냈다.

▷ 他为金钱付<u>出</u>了很大的代价。

 代价 dàijià 명 대가

186 맛있는 중국어 독해 1

3 通过

> 诗人通过对梅花不畏严寒的赞赏，用雪比喻梅花的冰清玉洁，…
>
> 시인은 매화가 엄동설한을 두려워하지 않는 데 대해 칭송하며, 눈을 이용해 매화의 고상함과 순결함을 비유하며, …

- 通过는 '통과하다'는 뜻이지만, '~를 통해서'라는 의미의 전치사로도 쓰이며, 이때 뒤에는 동사가 나온다.

▷ 我们通过这篇文章更了解了他。 우리는 이 글을 통해 그를 더 이해하게 되었다.

　　　　　　　通过 뒤에 구절이 나올 수도 있다.

▷ 他们通过参加这次比赛交了很多朋友。

 해석

단어 篇 piān 양 편(문장을 세는 단위)

4 胜于

> …，又用"暗香"指出梅胜于雪，说明坚强高贵的人格有伟大的魅力。
>
> …, 또 '은은한 향기'로써 매화가 눈보다 낫다고 지적하며, 굳세고 고귀한 인격은 위대한 매력을 가지고 있다고 설명한다.

- 胜于는 'A胜于B'의 형식으로 쓰이며, 'A는 B보다 뛰어나다' 또는 'A는 B를 능가한다'는 뜻으로 쓰인다. '훨씬'의 의미를 첨가할 때에는 远을 胜于 앞에 쓸 수 있다.

▷ 内在美胜于外在美。 내재된 아름다움이 외면의 아름다움보다 낫다.

　　　　'훨씬'의 의미를 첨가
▷ 好习惯远胜于好成绩。

해석

 해석 1. 그는 생명의 위험을 무릅쓰고 우리를 보호한다. 2. 그는 돈을 위해 큰 대가를 지불했다.
3. 그들은 이번 경기에 참가하면서 많은 친구를 사귀었다. 4. 좋은 습관이 좋은 성적보다 훨씬 낫다.

TEST 2

Y.u.m.m.y.E.x.p.r.e.s.s.i.o.n

1. 단어를 배열하여 문장을 만들어 보세요.

① 그는 생명의 위험을 무릅쓰고 우리를 보호한다.

保护   的   生命   他   危险   我们   冒着   来

→ _____

② 우리는 이 글을 통해 그를 더 이해하게 되었다.

篇   我们   了解   通过   这   了   更   文章   他

→ _____

③ 좋은 습관이 좋은 성적보다 훨씬 낫다.

好   胜于   成绩   习惯   好   远

→ _____

④ 경찰은 폭풍우를 무릅쓰고, 우리를 구했다.

我们   警察   暴风雨   来   冒着   救   了

→ _____

⑤ 그는 우리 학교를 위해 큰 공헌을 해냈다.

很   为   贡献   他   的   学校   出   了   做   大   我们

→ _____

2. 다음 시를 감상하고, 질문에 답하세요.

> 床前明月光，疑是地上霜。
> 举头望明月，低头思故乡。
> 　　　　　　　　李白, '静夜思'

단어 疑 yí 동 의심하다 | 霜 shuāng 명 서리 | 举头 jǔtóu 동 고개를 들다 | 低头 dītóu 동 고개를 숙이다

❶ 핵심구절은 무엇인가요?

① 제1구　　② 제2구　　③ 제3구　　④ 제4구

❷ 고향을 떠올리게 하는 가장 핵심적인 단어는 무엇인가요?

① 床　　② 明月　　③ 霜　　④ 地

❸ 시를 우리말로 해석해 보세요.

→ _____

_____

3. 우리말 문장에 맞도록 중국어로 쓰세요. 　문장 확장 연습

❶ 공헌을 해내다.

→ _____

❷ 일정부분의 공헌을 해내다.

→ _____

❸ 사회의 발전을 위해 일정부분의 공헌을 해내다.

→ _____

❹ 반드시 사회의 발전을 위해 일정부분의 공헌을 해낼 것이다.

→ _____

왕안석의 사상과 삶을 토대로 시를 감상하고, 작가의 의도를 생각해 봅시다.

山中 (산중)

王安石 (왕안석)

随月出山去,
寻云相伴归。
春晨花上露,
芳气著人衣。

▼ 직접 해석해 보고, 모범 해석 확인 후 다시 읽어 보세요.

 随 suí 통 따르다 | 寻 xún 통 찾다 | 云 yún 명 구름 | 伴 bàn 통 함께하다, 짝하다 | 归 guī 통 돌아오다 | 芳气 fāng qì 명 향내 | 著 zhuó 통 붙다, 묻다

15과 현대산문
现代散文

독해
- 주자청의 '背影 아버지의 뒷모습'
- 호적의 '差不多先生传 별 차이 없는 선생 전'

맛있는 표현
1 不禁
2 好在
3 便 biàn
4 颇
5 非~不可
6 白
7 尚
8 何

현대산문

중국에서 現代散文(현대산문)은 1919년 5·4 전후 문학혁명운동 때부터 1949년 중화인민공화국 성립 이전 시기에 나온 산문을 가리킵니다. 중국 건국 이후부터 현재까지의 산문은 当代散文(당대산문)이라고 칭합니다. 산문은 일정한 격식은 없지만 중심 내용과 사상을 다양하고 아름다운 문체로 표현하기 때문에, 운율 없는 시라고 불리기도 합니다.

이 과에서는 중국 현대문학을 빛낸 朱自清 Zhū Zìqīng(주자청)의 〈背影(아버지의 뒷모습)〉을 읽어 보겠습니다. 산문은 처음 접하면 독해하기 어려운 부분도 있지만, 고등학교 문학 교과서에 실릴 정도로 우리에게 많이 알려져 있는 〈背影〉을 읽으며, 현대산문을 심화독해 해봅시다.

朱自清(1898-1948)
现代著名散文家、诗人、学者、民主战士
(현대 저명한 산문가, 시인, 학자, 민주열사)

朱自清의 대표적인 산문 작품 〈背影〉

산문 감상 미리 맛보기

1 글의 맥락을 파악한다.

> 글의 맥락을 찾는 것은 글을 이해하는 실마리를 찾는 것과 같다. 글의 맥락을 찾으면, 작가의 글 쓰는 방식과 의도를 파악할 수 있다. 글의 맥락을 파악하려면, 상징적인 의미를 가진 사물을 찾고 그것이 글 속에서 어떤 역할을 하는지 파악해야 한다. 글 속의 '나'를 실마리로 삼아, 작가의 심리를 파악하고 작가가 하고자 하는 말이 무엇인지 되새겨 봐야 한다.

예 这时我看见他的背影，我的泪很快地流下来了。我赶紧拭干了泪，怕他看见，也怕别人看见。我再向外看时，他已抱了朱红的橘子望回走了。

위 내용은 〈背影〉 중의 일부분이다. 背影은 아버지의 뒷모습으로 아버지에 대한 애절한 그리움이 나타나는 부분이며, 橘子는 아버지의 사랑을 나타낸다. 당시 작가의 아버지에 대한 사랑과, 그 사랑을 표현하지 못한 마음이 밑줄 친 부분에서 나타난다.

2 인물이나 사물에 대한 묘사를 파악한다.

> 인물에 대한 묘사를 통해서 인물의 이미지와 그에 대한 작가의 감정을 파악할 수 있다.

예 父亲是一个胖子 …… 我看见他戴着黑布小帽，穿着黑布大马褂，深青布棉袍，…

뚱뚱하며 서민적이고 무뚝뚝한 아버지의 모습을 묘사하고 있으며, 글의 끝부분에 다시 한번 쓰여 아버지에 대한 그리움을 나타낸다.

3 동작의 진행에 대한 서술을 파악한다.

> 동작의 진행을 나타내는 표현을 통해서 작가의 의도나 감정이 나타난다.

예 蹒跚地走到铁道边，慢慢探身下去，尚不大难。可是他穿过铁道，要爬上那边月台，就不容易了。他用两手攀着上面，两脚再向上缩；他肥胖的身子向左微倾，显出努力的样子。

뒤뚱거리며 힘겹게 플랫폼에서 철로로, 다시 철로에서 플랫폼으로 오르내리는 동작의 상세한 서술이 아버지의 사랑을 극대화시키고, 그런 아버지에 대한 작가의 감정(미안함과 안쓰러움)이 나타난다.

背影

❶朱自清

　　我与父亲不相见已二年余了，我最不能忘记的是他的背影。那年冬天，祖母死了，父亲的差使也交卸了，正是祸不单行的日子，我从北京到徐州，打算跟着父亲奔丧回家。到徐州见着父亲，看见满院狼藉的东西，又想起祖母，不禁簌簌地流下眼泪。父亲说，"事已如此，不必难过，好在❷天无绝人之路！"

　　回家变卖典质，父亲还了亏空；又借钱办了丧事。这些日子，家中光景很是惨淡，一半为了丧事，一半为了父亲赋闲。丧事完毕，父亲要到南京谋事，我也要回北京念书，我们便同行。

　　到南京时，有朋友约去游逛，勾留了一日；第二日上午便须渡江到浦口，下午上车北去。父亲因为事忙，本已说定不送我，叫旅馆里一个熟识的茶房陪我同去。他再三嘱咐茶房，甚是仔细。但他终于不放心，怕茶房不妥帖；颇踌躇了一会。其实我那年已二十岁，北京已来往过两三次，是没有什么要紧的了。他踌躇了一会，终于决定还是自己送我去。我两三回劝他不必去；他只说，"不要紧，他们去不好！"

我们过了江，进了车站。我买票，他忙着照看行李。行李太多了，得向脚夫行些小费，才可过去。他便又忙着和他们讲价钱。我那时真是聪明过分，总觉他说话不大漂亮，非自己插嘴不可。但他终于讲定了价钱；就送我上车。

他给我拣定了靠车门的一张椅子；我将他给我做的紫毛大衣铺好坐位。他嘱我路上小心，夜里警醒些，不要受凉。又嘱托茶房好好照应我。我心里暗笑他的迂；他们只认得钱，托他们直是白托！而且我这样大年纪的人，难道还不能料理自己么？唉，我现在想想，那时真是太聪明了！

我说道，"爸爸，你走吧。"他望车外看了看，说，"我买几个橘子去。你就在此地，不要走动。"我看那边月台的栅栏外有几个卖东西的等着顾客。走到那边月台，须穿过铁道，须跳下去又爬上去。父亲是一个胖子，走过去自然要费事些。我本来要去的，他不肯，只好让他去。我看见他戴着黑布小帽，穿着黑布大马褂，深青布棉袍，蹒跚地走到铁道边，慢慢探身下去，尚不大难。可是他穿过铁道，要爬上那边月台，就不容易了。他用两手攀着上面，两脚再向上缩；他肥胖的身子向左微倾，显出努力的样子。

这时我看见他的背影，我的泪很快地流下来了。我赶紧拭干了泪，怕他看见，也怕别人看见。我再向外看时，他已抱了朱红的橘子望回走了。过铁道时，他先将橘子散放在地上，自己慢慢爬下，再抱起橘子走。到这边时，我赶紧去搀他。

他和我走到车上，将橘子一股脑儿放在我的皮大衣上。于是扑扑衣上的泥土，心里很轻松似的，过一会说，"我走了；到那边来信！"我望着他走出去。他走了几步，回过头看见我，说，"进去吧，里边没人。"等他的背影混入来来往往的人里，再找不着了，我便进来坐下，我的眼泪又来了。

近几年来，父亲和我都是东奔西走，家中光景是一日不如一日。他少年出外谋生，独力支持，做了许多大事。哪知老境却如此颓唐！他触目伤怀，自然情不能自已。情郁于中，自然要发之于外；家庭琐屑便往往触他之怒。他待我渐渐不同往日。但最近两年的不见，他终于忘却我的不好，只是惦记着我，惦记着我的儿子。我北来后，他写了一信给我，信中说道，"我身体平安，惟膀子疼痛利害，举箸提笔，诸多不便，大约大去之期不远矣。"我读到此处，在晶莹的泪光中，又看见那肥胖的，青布棉袍，黑布马褂的背影。唉！我不知何时再能与他相见！

1925年10月在北京。

알아두면 유용한 상식

1 朱自清 (주지칭)

朱自清 Zhū Zìqīng은 베이징대학 철학과를 졸업하고, 시와 비평, 산문 등의 작품활동을 하여, 중국현대문학사에 큰 족적을 남긴 인물이다. 특히 朱自清은 《背影》을 통해, 중국의 대표적인 수필가로 인정받았다.

2 天无绝人之路

天无绝人之路 tiān wú jué rén zhī lù는 '하늘은 사람의 길을 끊지 않는다'라는 말로 '하늘이 무너져도 솟아날 구멍은 있다'는 우리말 속담과 비슷한 말이다.

맛있는 단어 Y.u.m.m.y.W.o.r.d.s

- 余 yú 㑇 ~여
- 差使 chāishi 명 관직, 일자리
- 交卸 jiāoxiè 동 인수인계하다
- 祸不单行 huò bù dān xíng 성 엎친 데 덮친 격이다
- 徐州 Xúzhōu 지명 쉬저우
- 奔丧 bēn sāng 동 상을 치르러 가다
- 满院狼藉 mǎnyuàn lángjí 온 집안이 엉망이다
- 不禁 bùjīn 부 자기도 모르게, 참지 못하고
- 簌簌 sùsù 의성 주루룩, 뚝뚝
- 眼泪 yǎnlèi 명 눈물
- 如此 rúcǐ 대 이처럼
- 好在 hǎozài 부 다행히, 운좋게
- 变卖 biànmài 동 돈으로 바꾸려 팔다
- 典质 diǎnzhì 동 저당 잡히다
- 亏空 kuīkōng 명 남에게 진 빚
- 光景 guāngjǐng 명 상황, 형편
- 惨淡 cǎndàn 형 참담하다
- 赋闲 fùxián 동 직업 없이 집에서 빈둥거리다
- 完毕 wánbì 동 끝내다
- 谋事 móu shì 동 일을 도모하다, 일자리를 찾다
- 勾留 gōu liú 동 잠시 묵다
- 须 xū 조 반드시 ~해야 한다
- 渡江 dù jiāng 동 강을 건너다
- 浦口 Pǔkǒu 지명 푸커우
- 旅馆 lǚguǎn 명 여관
- 熟识 shúshi 동 숙지하다, 잘 알다
- 茶房 cháfáng 명 심부름꾼, 사환
- 嘱咐 zhǔfù 동 당부하다, 부탁하다
- 甚 shèn 부 아주, 굉장히
- 仔细 zǐxì 형 자세하다
- 妥帖 tuǒtiē 형 적절하다
- 踌躇 chóuchú 형 주저하다, 망설이다
- 脚夫 jiǎofū 명 일꾼, 짐꾼
- 过分 guòfèn 형 지나치다
- 非 fēi 부 반드시 ~하지 않으면 안 된다
- 插嘴 chāzuǐ 동 말참견하다, 끼어 들다
- 拣定 jiǎndìng 골라 정하다
- 铺 pū 동 평평하게 깔다, 펴다
- 警醒 jǐngxǐng 동 경계하고 주의하다
- 受凉 shòu liáng 동 감기 걸리다
- 嘱托 zhǔtuō 동 부탁하다, 의뢰하다
- 照应 zhàoying 동 보살피다
- 暗笑 ànxiào 동 몰래 비웃다
- 迂 yū 형 케케묵다, 진부하다
- 料理 liàolǐ 동 일을 처리하다
- 月台 yuètái 명 플랫폼
- 栅栏 zhàlan 명 울타리
- 顾客 gùkè 명 손님, 고객
- 穿过 chuānguò 동 가로질러 가다
- 铁道 tiědào 명 철로
- 费事 fèishì 형 힘들다, 쉽지 않다
- 黑布 hēibù 명 검은 천
- 马褂 mǎguà 명 마고자
- 棉袍 miánpáo 명 두루마기
- 蹒跚 pánshān 형 비틀거리다
- 探身 tàn shēn 동 몸을 앞으로 내밀다
- 尚 shàng 부 아직
- 攀 pān 동 잡아당기다
- 缩 suō 동 움츠리다, 오므리다
- 肥胖 féipàng 형 뚱뚱하다
- 微倾 wēiqīng 형 약간 기울다
- 显出 xiǎnchū 동 드러내다, 나타나다
- 拭干 shì gān 동 닦아 말리다
- 散放 sànfàng 동 흩어 놓다
- 搀 chān 동 부축하다
- 一股脑儿 yìgǔnǎor 부 몽땅, 전부

- 扑 pū 동 털다
- 泥土 nítǔ 명 진흙
- 混入 hùnrù 동 한데 섞여 들어가다
- 东奔西走 dōng bēn xī zǒu 성 동분서주하다
- 谋生 móu shēng 동 생계를 찾다
- 老境 lǎojìng 명 노년기, 노년의 신세
- 颓唐 tuítáng 형 쇠락하다
- 触目伤怀 chùmù shānghuái 눈에 띄게 상심하다
- 自已 zìyǐ 동 스스로 감정을 억제하다
- 情郁于中 qíng yù yú zhōng 감정이 마음에 쌓이다
- 发之于外 fā zhī yú wài 그것이 밖으로 나오다
- 琐屑 suǒxiè 형 자질구레하다, 잡다하다
- 触怒 chùnù 동 화를 건들다
- 待 dài 동 대하다
- 渐渐 jiànjiàn 부 점차
- 往日 wǎngrì 명 지난날
- 忘却 wàngquè 동 잊어버리다, 망각하다
- 惦记 diànjì 동 (다른 사람을) 염려하다
- 惟 wéi 부 다만, 오직
- 膀子 bǎngzi 명 팔
- 举箸提笔 jǔ zhù tí bǐ 젓가락과 붓을 들다
- 诸多 zhūduō 형 수많은
- 大约 dàyuē 부 대략, 대충
- 大去之期 dà qù zhī qī 죽을 때
- 晶莹 jīngyíng 형 빛나고 투명하다
- 何时 héshí 부 언제

체크체크

Q 보기에 주어진 단어를 이용해 빈칸을 채워 보세요.

보기 插嘴 搀 穿过 惦记

1. 父母总是（　　）着自己的孩子。
2. 老师上课的时候，不喜欢孩子们（　　）。
3. 他（　　）着老太太上公共汽车。
4. 火车（　　）了山洞。

TEST 1

본문 내용을 읽은 후, 아래 질문에 답해 보세요.

1. 作者为什么觉得那时自己聪明过分？

　❶ 因为他的成绩很好。

　❷ 因为他真的比别人聪明。

　❸ 因为他太骄傲，看不起父亲。

　❹ 因为他什么都知道。

2. 下面哪一个单词表现了父亲的爱？

　❶ 茶房　　❷ 行李　　❸ 橘子　　❹ 小费

3. 最近两年多，作者为什么与父亲没见面？

　❶ 他们吵架了。　❷ 父亲去世了。　❸ 他们都很忙。　❹ 父亲不喜欢作者。

4. 这篇散文的中心思想是什么？

　❶ 对父亲的爱和想念

　❷ 对祖母的爱和想念

　❸ 当时中国铁道的情况

　❹ 老百姓的辛苦生活

5. 请选出与上面不同的内容。

　❶ 父亲本来就打算送儿子去火车站。

　❷ 现在父亲的健康不太好。

　❸ 父亲惦记着儿子和孙子。

　❹ 父亲觉得茶房陪着儿子不合适。

맛있는 표현
Y.u.m.m.y.E.x.p.r.e.s.s.i.o.n

1 不禁

> …，又想起祖母，**不禁**簌簌地流下眼泪。
> … , 또 할머니 생각이 떠올라, 나도 모르게 눈물이 주르륵 흘러내렸다.

➕ 不禁 bùjīn은 '자기도 모르게, 참지 못하고'라는 뜻의 부사이다. 여기에서 禁을 4성으로 읽으면 '금지하지 않다'는 뜻이 되기 때문에 주의해야 한다.

▷ 我**不禁**想起那时的往事。
　나도 모르게 그때의 지난 일들이 떠올랐다.

▷ 人们**不禁**发出一声感叹。

단어 感叹 gǎntàn [동] 감탄하다

2 好在

> 事已如此，不必难过，**好在**天无绝人之路！
> 일이 이미 이렇게 되었으니, 슬퍼할 필요 없다. 다행히 하늘이 무너져도 솟아날 길은 있으니까!

➕ 好在는 幸好와 같은 의미로 '다행히 ~하다'라는 의미의 부사이다. 好在와 함께 뒤에 要不然이 쓰이면 '~했기에 망정이지, 그렇지 않았으면 ~'라는 의미가 된다.

주로 구절이나 문장의 맨 앞에 온다.

▷ 今天下大雨，**好在**她借给我了一把伞。
　오늘 큰 비가 내렸지만, 다행히 그녀가 나에게 우산을 하나 빌려 줬다.

▷ **好在**他帮我订车票，要不然我回不了家了。

1. 사람들이 자신도 모르게 감탄했다.
2. 그가 나 대신 차표를 예매해 줬기에 망정이지, 그렇지 않았으면 난 집에 돌아갈 수 없었을 것이다.

맛있는 표현 Y.u.m.m.y.E.x.p.r.e.s.s.i.o.n

3 便 biàn

> 第二日上午**便**须渡江到浦口，下午上车北去。
>
> 이튿날 오전에 곧바로 강을 건너 푸커우로 가서, 오후에 차를 타고 북으로 갈 것이다.

✛ 便이 동사나 형용사 앞에 오면 就와 같이 '바로, 곧'의 뜻을 가진 부사로 쓰인다. 便은 주로 문어체에서 많이 쓰인다.

▷ 我还没说完，他**便**知道我的意思了。
　　내가 얘기를 끝내기 전에 그는 내 뜻을 알아차렸다.

▷ 他七点**便**回来了。

4 颇

> 但他终于不放心，怕茶房不妥帖；**颇**踌躇了一会。
>
> 그러나 결국 심부름꾼이 적당하지 않을까 봐 마음이 놓이지 않으셨는지, 잠시 아주 주저하셨다.

✛ 颇는 '아주, 굉장히'라는 뜻의 부사로 주로 문어체에서 많이 쓰이며, 뒤에 有나 感이 자주 쓰인다.

▷ 她**颇**有成熟的气质。
　　그녀는 꽤 성숙한 분위기가 있다.

▷ 我**颇**感自豪。

단어　成熟 chéngshú 형 성숙하다 | 气质 qìzhì 명 분위기, 품격

5 非~不可

…, 总觉他说话不大漂亮, 非自己插嘴不可。

…, 아버지가 하시는 말씀이 그다지 유려하지 않다고 생각되어, 나 자신이 끼어들지 않으면 안 되겠다고 생각했다.

➕ 非~不可는 '~하지 않으면 안 된다'라는 뜻이다. 非 뒤에는 得 děi 나 让이 자주 쓰이며, 不可 대신에 不行이나 不成 등을 써도 된다.

▷ 你非得告诉老师不可。

    非得는 '~하지 않으면 안 된다'의 의미

    너는 선생님께 알려드리지 않으면 안 돼.

▷ 我不喜欢她, 可是妈妈非让我跟她结婚不可。

    [A非让B]는 'A는 B로 하여금 ~하지 않으면 안 되게 하다'의 의미

6 白

他们只认得钱, 托他们直是白托!

그들은 돈만 알 뿐이라서, 그들에게 부탁하는 것은 괜한 부탁을 하는 것이다!

➕ 白는 '하얗다'라는 뜻의 형용사이지만, 동사 앞에 쓰이면 '공연히, 괜히'라는 뜻의 부사가 된다.

▷ 我这几天白担心那么多了。

    나는 요 며칠 괜히 그렇게 걱정을 많이 했다.

▷ 她感冒已经好了, 感冒药我白买了。

3. 그는 7시에 바로 돌아왔다. 4. 나는 아주 자부심을 느낀다.
5. 나는 그녀를 좋아하지 않는데, 어머니는 내게 그녀와 꼭 결혼하라고 하신다. 6. 그녀는 감기가 이미 다 나았는데, 난 감기약을 괜히 샀다.

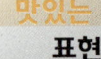

맛있는 표현
Y.u.m.m.y.E.x.p.r.e.s.s.i.o.n

7 尚

> …，蹒跚地走到铁道边，慢慢探身下去，尚不大难。
>
> …, 기우뚱거리며 철로변을 걷는 모습을 봤는데, 천천히 몸을 내밀어 내려가는 것이 아직 크게 어려워 보이지는 않았다.

➕ 尚은 '아직'이라는 뜻의 부사로 주로 문어체에서 많이 쓰이며, 未나 不가 뒤에 함께 쓰일 수 있다.

▷ 他尚未接到你的信。
   ↑ 尚未는 还没와 비슷한 의미
   그는 아직 당신의 편지를 받지 않았습니다.

▷ 我们尚不知他们的反应。

[해석]

 反应 fǎnyìng 몡 반응

8 何

> 我不知何时再能与他相见!
>
> 내가 언제 다시 아버지와 만날 수 있을지 모르겠다!

➕ 何는 '어떤, 무슨'이라는 뜻으로 주로 문어체에서 쓰이며, 为何(为什么), 如何(怎么), 何时(什么时候), 何地(什么地方), 何人(谁) 등과 같이 앞뒤에 함께 쓰이는 글자에 따라 의미가 달라진다.

▷ 你为何对我这么好?
           ↑ 为什么의 의미
   당신은 나한테 왜 이렇게 잘 해주나요?

▷ 你如何知道他的意思?
       ↑ 怎么의 의미

[해석]

 7. 우리는 아직 그들의 반응을 모릅니다. 8. 당신은 어떻게 그 사람의 생각을 알죠?

1. 단어를 배열하여 문장을 만들어 보세요.

❶ 나도 모르게 그때의 지난 일들이 떠올랐다.

不禁　想　我　起　的　往事　那时

→ _____

❷ 그가 나 대신 차표를 예매해 줬기에 망정이지, 그렇지 않았으면 난 집에 돌아갈 수 없었을 것이다.

要不然　好在　家　他　我　帮　订　我　回不了　车票　了

→ _____

❸ 내가 얘기를 끝내기 전에 그는 내 뜻을 알아차렸다.

我　知道　完　没　意思　说　他　便　我　的　还　了

→ _____

❹ 나는 그녀를 좋아하지 않는데, 어머니는 내게 그녀와 꼭 결혼하라고 하신다.

非~不可　我　我　不　喜欢　她　妈妈　结婚　可是　让　跟　她

→ _____

❺ 그녀는 감기가 이미 다 나았는데, 난 감기약을 괜히 샀다.

感冒　白　已经　了　感冒药　她　我　了　好　买

→ _____

2. 다음 문장들을 본문 내용에 따라 순서에 맞게 배열하고 번역하세요.

> a. 过铁道时，他先将橘子散放在地上，自己慢慢爬下，再抱起橘子走
> b. 于是扑扑衣上的泥土，心里很轻松似的，过一会说，"我走了；到那边来信！"
> c. 等他的背影混入来来往往的人里，再找不着了，我便进来坐下，我的眼泪又来了
> d. 我望着他走出去。他走了几步，回过头看见我，说，"进去吧，里边没人。"
> e. 我再向外看时，他已抱了朱红的橘子望回走了
> f. 到这边时，我赶紧去搀他。他和我走到车上，将橘子一股脑儿放在我的皮大衣上

☐ ⇒ ☐ ⇒ ☐ ⇒ ☐ ⇒ ☐ ⇒ ☐

번역
→ _____

3. 우리말 문장에 맞도록 중국어로 쓰세요. 　문장 확장 연습

❶ 나는 걱정했다.
→ _____

❷ 나는 걱정을 그렇게 많이 했다.
→ _____

❸ 나는 괜히 걱정을 그렇게 많이 했다.
→ _____

❹ 나는 요 며칠 괜히 걱정을 그렇게 많이 했다.
→ _____

差不多先生传 ('별 차이 없는' 선생 전)

胡适 (호적)

(省略)

　　差不多先生的相貌和你我都差不多。他有一双眼睛，但看得不很清楚；有两只耳朵，但听得不很分明；有鼻子和嘴，但他对于气味和口味都不很讲究；他的脑子也不小，但他的记性却不很精明，他的思想也不很细密。他常常说："凡事只要差不多，就好了。何必太精明呢？"

　　他小的时候，他妈叫他去买红糖，他买了白糖回来，他妈骂他，他摇摇头道："红糖白糖不是差不多吗？"

(省略)

▼ 직접 해석해 보고, 모범 해석 확인 후 다시 읽어 보세요.

 差不多 chàbuduō 형 별 차이가 안 나다 | 传 zhuàn 명 전기, ~전 | 胡适 Hú Shì 인명 호적 | 相貌 xiàngmào 명 외모 | 气味 qìwèi 명 냄새 | 口味 kǒuwèi 명 입맛 | 讲究 jiǎngjiu 동 강조하다 | 精明 jīngmíng 형 눈치 빠르고 총명하다 | 细密 xìmì 형 세밀하다 | 凡事 fánshì 명 만사, 모든 일 | 何必 hébì 부 ~할 필요가 어디 있는가 | 摇头 yáotóu 동 고개를 젓다

1과 유머 笑话

 小王의 앵무새 두 마리
小王的两只鹦鹉

샤오왕은 앵무새를 굉장히 좋아한다. 하루는 조류시장을 쇼핑하다가 판매가 3위엔 짜리 앵무새 한 마리를 발견했다. 그래서 그는 주인에게 물었다.

샤오왕 : 이 앵무새는 왜 이렇게 쌀까요?
주인 : 이 앵무새는 멍청해요! 아이고, 내가 오랫동안 가르쳐 봤지만, 지금까지 '누구야?'라는 말 한마디만 할 줄 압니다.

샤오왕은 어쨌든 이 앵무새가 아주 싸다고 생각해서 사서 돌아왔다. 저녁에 집에 돌아와서, 샤오왕은 앵무새에게 다른 말을 가르치기 시작했다. 그러나 새벽이 되었지만, 그 앵무새는 여전히 '누구야?'만 말할 수 있었다. 그래서 샤오왕은 아주 화가 나서, 문을 잠그고 출근을 했다. 조금 지나서 수도 수리공이 한 명 왔다. (약칭: 라오왕)

라오왕 : 여보세요! (노크 소리)
앵무새 : 누구세요?
라오왕 : 수도 고치는 사람이에요.
앵무새 : 누구세요?
라오왕 : 수도 고치는 사람이에요.
앵무새 : 누구세요?
라오왕 : 수도 고치는 사람이에요.
……

저녁이 되어, 샤오왕이 돌아왔다. 그는 문 앞에 어떤 사람이 땅에 누워 흰 거품을 물고 있는 것을 보았다.

샤오왕 : 어! 이 사람은 누구지?
곧바로 안에서 말하는 소리가 들렸다.
"수도 고치는 사람이에요."

샤오왕은 또다시 조류시장에 쇼핑하러 갔는데, 3만 위엔 짜리 앵무새 한 마리를 발견했다. 그는 호기심이 생겨서 주인에게 물었다.

샤오왕 : 당신네 앵무새는 왜 이리 비싸죠?
주인 : 이 앵무새는 아주 똑똑해요! 뭐든지 다 말할 수 있어요.

샤오왕은 그렇게 똑똑하다는 말을 듣자마자 바로 (앵무새를) 사서 돌아왔다. 저녁에 집에 돌아와서 그는 굉장히 기뻐하며 그 앵무새를 갖고 놀았다.

샤오왕 : 난 걸을 수 있어.
앵무새 : 난 걸을 수 있어.
샤오왕 : 난 달릴 수 있어.
앵무새 : 난 달릴 수 있어.
샤오왕 : 난 날 수 있어.
앵무새 : 허풍도 칠 줄 아네!

체 크 체 크

1. 我坐船就想（ 吐 ）。
2. 你出来的时候，（ 锁 ）门了吗?
3. 他真（ 笨 ），这个字也不会写。
4. 哪儿有这样的事儿，你别（ 吹 ）牛。

 TEST 1

1. ②
2. ①
3. ③
4. ④
5. ②

 TEST 2

1. ① 外边很冷，关上门吧。
   ② 父母亲都同意，于是我跟他结婚了。
   ③ 反正这不是我的事，你随便吧。
   ④ 她穿上了很漂亮的衣服。
   ⑤ 过了十年，你还是很漂亮。

2. ① c
   ② a
   ③ d

3. ① 小王想。
   ② 小王想反正很便宜。
   ③ 小王想反正这只鹦鹉很便宜。
   ④ 小王想反正这只鹦鹉很便宜，于是就买回来了。

 딸의 잔머리
女儿的小聪明

저녁에 나와 딸아이가 거실에서 TV를 보고, 남편은 서재에서 인터넷을 하고 있었다. 난 목이 좀 말랐는데 움직이기 싫어서 "여보, 콜라 한 병만 가져다 줘요."라고 말했다.

남편은 서재에서 나와서 나에게 한 병 가져다 주고, 다시 서재로 뛰어 돌아갔다. 이때, 다섯 살 먹은 딸아이도 "아빠, 나도 마실래."라고 (크게) 말했다.

남편은 귀찮다는 듯이 "직접 가져가!"라고 말했다.

딸아이는 잠시 멍하더니, 다시 "여보, 나도 마실래."라고 (크게) 말했다.

2과 춘절의 풍속 春节的风俗习惯

세뱃돈 이야기
压岁钱的故事

매년 설날, 중국의 아이들이 모두 어른들에게 세배를 하면, 어른들은 아이들에게 빨간 봉투를 나눠 준다. 빨간 봉투 안에는 돈이 있는데, 이 돈을 세뱃돈(나이를 누르는 돈)이라고 한다.

세뱃돈에 관해서는 한 가지 이야기가 있다. 옛날에 '쑤이'라고 하는 작은 요괴가 있었다. 섣달 그믐 저녁에 나와서 자고 있는 아이의 머리를 손으로 쓰다듬으면, 아이는 놀라서 울기 시작하고, 잇달아서 머리가 아프고, 열이 나서 바보가 된다. 그래서, 집집마다 이 날은 등불을 켜놓고 잠을 자지 않았는데, 이를 '쑤이를 막다'라고 한다.

어느 한 부부가 노년에 아들을 낳고서, 아이를 굉장히 아꼈다. 섣달 그믐 저녁이 되자, 그들은 '쑤이'가 아이를 해하러 올까 봐 두려워서, 여덟 개의 동전을 꺼내어 아이와 함께 놀았다. 아이가 놀다가 지쳐서 잠이 들자, 그들은 여덟 개의 동전을 빨간색 종이로 싸서 아이의 베개 밑에 놓았지만, 부부는 잠을 잘 엄두가 나지 않았다.

깊은 밤 '쑤이'가 몰래 들어와, 손을 뻗어 아이의 머리를 쓰다듬으려고 할 때, 베개 쪽에서 반짝이는 불빛이 나와서, '쑤이'는 놀라서 도망갔다.

이튿날, 부부는 모든 사람들에게 빨간 종이로 여덟 개의 동전을 싸면 '쑤이'를 쫓을 수 있다고 알려 줬고, 그 후에는 모든 사람들이 따라 해서, 아이들은 평안무사하게 되었다.

원래 여덟 개의 동전은 8선이 변한 것으로, 그들은 아이들을 보호하려 '쑤이'를 제압하러 나온 것이었다. 그래서 훗날 사람들은 세배할 때 아이들에게 나눠 주는 돈을 '쑤이를 제압하는 돈'이라고 불렀다. '祟'와 '岁'가 발음이 같기 때문에, 현재 사람들은 '나이를 누르는 돈'이라고 말한다.

체크체크

1. 他已经（ 逃跑 ）了，快告诉警察。
2. 你们把这个水果（ 叫做 ）什么？
3. 他（ 偷偷地 ）拿着我的钱包走了。
4. 他伸手（ 摸 ）我的脸。

TEST 1

1. ③
2. ①
3. ①
4. ②
5. ④

TEST 2

1. ① 关于申请签证，您有什么问题吗？
   ② 累得我一动也不能动。
   ③ 我不敢在这儿喝酒。
   ④ 我想把美元换成人民币。
   ⑤ 关于这件事，你有什么意见吗？

2. d → b → a → e → c

   어느 한 부부가 노년에 아들을 낳고서, 아이를 굉장히 아꼈다. 섣달 그믐 저녁이 되자, 그들은 '쑤이'가 아이를 해하러 올까 봐 두려웠다. 그들은 여덟 개의 동전을 빨간색 종이로 싸서 아이의 베개 밑에 놓았다. 깊은 밤 '쑤이'가 몰래 들어와, 손을 뻗어 아이의 머리를 쓰다듬으려고 할 때, 베개 쪽에서 반짝이는 불빛이 나와서, '쑤이'는 놀라서 도망갔다. 원래 여덟 개의 동전은 8선이 변한 것으로, 그들은 아이들을 보호하기 위해 '쑤이'를 제압하러 나온 것이었다.

3. ① 夫妻俩告诉了。
   ② 夫妻俩告诉了大家。
   ③ 夫妻俩告诉了大家能吓退"祟"。
   ④ 夫妻俩告诉了大家用红纸包八枚铜钱就能吓退"祟"。

복이 뒤집혔다? 복이 도착했다!
福倒了? 福到了!

小王 : 어이! 너희 집 문 위에 '복'이 거꾸로 됐어.
小张 : 맞아! 우리 집에 복이 왔어.

물고기가 있다? 여유가 있다! 有鱼? 有余!

小王 : 와! 물고기가 이렇게나 많이 있네!
小张 : 우리 집은 매년 여유가 있지!

3과 여행일기 旅游日记

 제주도 여행일기
济州岛旅游日记

7월 28일

　여름방학이 되어, 우리는 한국의 제주도로 여행을 가기로 계획했다. 아침 일찍 우리는 신나게 짐을 챙겨, 택시를 타고 공항에 갔다. 공항에서 수속을 마친 후, 우리는 면세점에 가서 쇼핑을 좀 했는데, 하마터면 늦을 뻔했다.

　3시간 동안 비행기를 타고 나서, 우리는 무사히 제주도에 도착했다. 제주도가 우리에게 준 첫 인상은 거리가 깨끗하고 쾌적하며, 사람들이 아주 친절하다는 것이었다. 우리는 먼저 가이드가 우리 대신 예약한 펜션에 도착했는데, 우리 방이 이렇게 예쁘리라고는 생각도 못했다. 게다가 창문을 열면, 바다를 볼 수도 있어서, 마치 영화 속의 별장 같았다. 점심이 되자, 가이드가 우리를 식당으로 데리고 가서, 제주도의 전통요리인 해물탕을 먹었는데, 맛이 그런대로 좋았다. 점심을 다 먹고, 우리는 천지연 폭포를 참관했다. 〈대장금〉의 남녀 주인공이 서로 사랑하고 이별하는 장면을 바로 여기에서 촬영한 것이었다. 나와 남자친구도 여기에서 사진을 찍어 기념으로 남겼다.

　이어서 우리는 '성산일출봉'에 갔는데, 이곳의 산은 비록 중국의 산만큼 그렇게 높거나 크지는 않았지만, 그 나름의 독특한 매력이 있었다. 해풍이 불고, 먼 곳의 배를 바라보고 있으니, 정말 끝내주게 쾌적했다. 가이드의 말을 들으니, 제주도는 '삼다'가 있다고 하는데, 돌이 많고, 해풍이 많고, 여자가 많다고 한다. 과연 길가에 돌하르방이 아주 많이 있었고, 해풍도 아주 강했다. 가이드는 또 바닷가 쪽을 가리키며 "보세요, 저 분들이 제주도의 해녀들입니다."라고 했다. 이 '삼다'는 정말 아주 독특했다.

　저녁이 되어, 우리는 식당에 쌈밥을 먹으러 갔는데, 이 쌈밥은 채소로 불고기, 김치, 쌀밥, 된장을 싸서 한입에 먹는 것이었다. 만약 여러 입에 나눠서 먹으면, 안에 있는 즙이 흘러나온다. 각종 반찬을 무한대로 추가할 수 있어서, 우리들은 모두 배가 터질 때까지 먹었다.

　펜션으로 돌아올 때, 갑자기 큰비가 내리기 시작했는데, 다행히 우리가 전세 낸 버스가 이미 안전하게 도착했기에 망정이지, 그렇지 않았으면 우리는 정말 교통 안전을 걱정했을 것이다.

　비록 오늘의 일정이 비교적 바빴지만, 그러나 제주도의 아름다운 명승지를 볼 수 있어서, 또 맛있는 음식을 맛볼 수 있어서, 우리는 아주 만족스러웠다.

체크체크

1. 请你帮我（ 预定 ）一个房间。
2. 人人都说你的菜最好吃，（ 果然 ）说得不错。
3. 他是这部电影的男（ 主角 ）。
4. 我想在这儿跟你（ 拍照 ）（ 留念 ）。

 TEST 1

1. ②
2. ④
3. ③
4. ①
5. ②

 TEST 2

1. ① 我差点忘了女朋友的生日。
   ② 做梦也没想到她会喜欢老师。
   ③ 她好像生病了似的躺在床上。
   ④ 今天没带钥匙，幸好妈妈在家。
   ⑤ 幸好你帮我，要不然我做不完作业。

2. e → a → d → b → c

　아침 일찍 우리는 신나게 짐을 챙겨, 택시를 타고 공항에 갔다. 공항에서 수속을 마친 후, 우리는 면세점에 가서 쇼핑을 좀 했는데, 하마터면 늦을 뻔했다. 3시간 동안 비행기를 타고 나서, 우리는 무사히 제주도에 도착했다. 우리는 먼저 가이드가 우리 대신 예약한 펜션에 도착했는데, 우리 방이 이렇게 예쁘리라고는 생각도 못했다. 가이드가 우리를 식당으로 데리고 가서, 제주도의 전통요리인 해물탕을 먹었다.

3. ① 没想到。
   ② 没想到我们的房间这么漂亮。
   ③ 没想到我们的房间这么漂亮，而且还可以看到大海。
   ④ 没想到我们的房间这么漂亮，而且打开窗户还可以看到大海。

 여행일정 旅游行程

　아름다운 베이징으로 오실 여러분을 환영하며, 업계 최초로 '황제의 성 여행' 상품을 출시했습니다.
　베이징 3일 여행 – 상세일정
　첫째 날 : 역에서 마중 → 호텔 숙박 → 왕푸징 → 자유활동
　둘째 날 : 이화원 → 팔달령 만리장성 → 동화문 야시장
　셋째 날 : 티엔안먼 광장 → 고궁 → 티엔탄 → 역으로 배웅

해석 및 정답　211

4과 다이어트 减肥

다이어트 체험담 减肥心得体会
(80kg에서 50kg으로)

다이어트를 결심하다!
    전 작년에 가장 뚱뚱했을 때 80kg이었는데, 바지조차 입을 수가 없었습니다. 여름이 되어 치마를 입을 때는 다른 사람들에게 코끼리다리라고 비웃음을 받기도 했고, 얼굴에 살이 쪄서 정말 말이 아니었습니다. 그래서 남자친구도 저를 떠났습니다. 모든 사람이 저를 볼 때마다 다이어트 하라고 해서, 전 정말 견딜 수 없었습니다. 어느 날 TV를 보는데, 한 다이어트 성공자의 체험담을 보고, 다이어트 하기로 결심했습니다.

다이어트 방법
    다이어트는 제가 상상했던 것만큼 결코 그렇게 쉽지 않았는데, 반 년의 시간 동안, 저는 매일 줄넘기를 2,000번을 넘게 하고, 20분 간 달리기를 했습니다. 이건 정말 사람을 괴롭게 했습니다.
    3개월간 운동한 후, 80kg에서 65kg으로 줄었고, 현재는 다시 50kg까지 줄었는데, 역시 아주 효과가 있었다고 생각합니다.
    제 방법은 아주 간단합니다. 처음 시작했을 때는 줄넘기를 2,000번 이상 했는데, 적응할 수 있겠다고 느낀 뒤에는 바로 조금씩 운동량을 늘렸고, 줄넘기를 다한 후에는 달리기를 시작했습니다. 매일 20분 동안 달리기를 했는데, 날씨가 더 춥든, 바람이 더 세게 불든, 혹은 가랑비가 내리든 상관없이 운동을 거른 적이 없습니다.

체험 소감
    제 느낌은 고통스러우면서도 즐겁다는 것입니다. 어떻게 다이어트를 하는지 물어 보려고요? 아이고! 그런 느낌은 직접 해봐야 알 수 있습니다. 반 년간의 노력을 거쳐서, 간신히 결실(보답)이 있었는데, 현재는 50kg입니다. 월말까지는 45kg까지 줄어들 거라고 짐작하는데, 친구를 사귈 자신감이 다시 생겼습니다. 모두들 저를 위해 응원해 주세요.
    운동을 지속하는 방법으로 매일 2,000번의 줄넘기와 20분간의 달리기는 확실히 너무 고생스럽지만, 그러나 이렇게 반 년간 운동을 해나가면, 체중이 감소할 뿐만 아니라, 여러분의 체력과 인내심 또한 분명히 많이 강화될 거라고 믿습니다.

체크체크

1. 医生（ 劝 ）我别喝酒。
2. 这儿太热，而且常常下雨，真（ 适应 ）不了。
3. 我（ 估计 ）他们俩已经到了。
4. 我（ 下决心 ）明天就（ 离开 ）韩国。

TEST 1

1. ②
2. ①
3. ④
4. ②
5. ③

TEST 2

1. ① 这个教室坐不下这么多的学生。
   ② 不管你是谁，都要遵守法律。
   ③ 经过这件事，我们更理解他了。
   ④ 我们经过参加这次比赛更团结一致了。
   ⑤ 你连这个问题也不知道吗？

2. d → b → e → a → c

    모든 사람이 저를 볼 때마다 다이어트 하라고 해서, 전 정말 견딜 수 없었습니다. 어느 날 TV를 보는데, 한 다이어트 성공자의 체험담을 보고, 다이어트 하기로 결심했습니다. 반 년의 시간 동안, 저는 매일 줄넘기를 2,000번을 넘게 하고, 20분 간 달리기를 했습니다. 3개월간 운동한 후, 80kg에서 65kg으로 줄었고, 현재는 다시 50kg까지 줄었습니다. 월말까지는 45kg까지 줄어들 거라고 짐작하는데, 친구를 사귈 자신감이 다시 생겼습니다. 모두들 저를 위해 응원해 주세요.

3. ① 我们参加。
   ② 我们参加这次比赛。
   ③ 我们经过参加这次比赛团结一致了。
   ④ 我们经过参加这次比赛更团结一致了。

다이어트 광고 减肥广告

21일 간의 다이어트 계획
다이어트를 계약하고, 효과가 없으면 환불해 드립니다!
물리적으로 살을 빼는 안마이므로,
주사를 맞지 않습니다! 약을 먹지도 않습니다! 요요현상이 나타나지도 않습니다!

5과 사랑 爱情

 신세대의 좋은 남자 新好男人

내 남편은 전형적인 신세대의 좋은 남자이다. 그는 돈이 많은 사람은 아니지만, 어디에 내놔도 빠지지 않고, 집에선 살림도 잘하는 좋은 남자이다. 비록 그는 매 식사 때마다 나를 고급 레스토랑에 데려가지는 못하지만, 그래도 그는 매번 맛있는 것을 나에게 양보한다.

내 친구들은 그가 마치 야심이 없는 것 같고, 아주 평범한 느낌이라고 말한다. 사실 그 애들은 그가 어떻게 하면 나를 더 행복하게 해줄 수 있을지를 늘 생각하는 것과, 그가 꽤 잘 하고 있다는 것을 알지 못한다.

어느 날 내가 실수로 다쳤을 때, 그는 조금도 당황하지 않고, 줄곧 나에게 "괜찮아, 괜찮아"라고 말했다. 나중에서야 나는 비로소 알게 되었다. 알고 보니 그때 그도 아주 긴장을 했지만, 단지 그는 내가 알까 두려웠을 뿐이었다는 것을 말이다.

내가 처음으로 그의 가족을 만났을 때, 그 가족들의 나에 대한 인상이 상당히 좋았다는 것을 기억하는데, 그건 그가 매일 집에서 나를 칭찬했기 때문이었다.

내가 회사에서 억울한 일을 당했을 때, 그가 생각나서 그에게 울며 마음을 털어놓자, 그는 조용히 내 말을 듣고, 나를 위로했다.

결혼 전에 그는 다른 사람들과는 달리 함부로 약속을 하지 않았는데, 그는 자신이 한 약속을 어쩌면 해내지 못할 것을 걱정했기 때문이라고 말해서, 당시에 나는 많이 실망했다. 나중에 내가 냉정하게 생각해 보니, 그가 과거에 약속했던 일을 모두 이루어냈다는 것을 알게 되었다. 그는 결혼하던 그날 나를 평생 사랑하겠다고 약속했고, 나는 그가 그 약속을 지킬 수 있을 것이라고 믿는다.

이렇게 보면, 그는 정말 나를 사랑하고 이해하는 것 같다. 나는 어느 날 우리에게 위험이 닥친다면, 그가 나를 보호해줄 것이라고, 만일 반드시 선택해야 하는 상황이더라도 그가 분명 나를 위해 자신의 생명까지도 버릴 수 있을 것이라고 믿는다.

体크 체크

1. (原来) 是你呀!
2. 他扔石头 (弄伤) 了我的小狗。
3. (后来) 他们俩结婚了。
4. 我还 (记得) 当时他很 (失望)。

 TEST 1

1. ③
2. ②
3. ④
4. ①
5. ③

 TEST 2

1. ① 她把我的衣服弄脏了。
   ② 我只是告诉她这件事，她就生我的气了。
   ③ 他不爱你，而是爱你的钱。
   ④ 他只是孩子而已，不要那样骂他。
   ⑤ 你别乱想，我们只是朋友。

2. c → e → d → b → a

결혼 전에 그는 다른 사람들과는 달리 함부로 약속을 하지 않았는데, 그는 자신이 한 약속을 어쩌면 해내지 못할 것을 걱정했기 때문이라고 말해서, 당시에 나는 많이 실망했다. 나중에 내가 냉정하게 생각해 보니, 그가 과거에 약속했던 일을 모두 이루어냈다는 것을 알게 되었다. 그는 결혼하던 그날 나를 평생 사랑하겠다고 약속했고, 나는 그가 그 약속을 지킬 수 있을 것이라고 믿는다. 이렇게 보면, 그는 정말 나를 사랑하고 이해하는 것 같다.

3. ① 他怕。
   ② 他怕我知道。
   ③ 只是他怕我知道。
   ④ 他也很紧张，只是他怕我知道。

 여자가 남자에게 헤어지자고 말하는 이유 女人对男人说分手的理由

1. 당신은 나와 얘기하고 싶어하지 않지만, 몇 시간이나 계속해서 인터넷게임을 할 수 있어요.
2. 당신은 나와의 약속을 취소하지만, 친구들과는 함께 놀러 가죠.
3. 난 당신을 보며 자주 생각하죠. '세상에나! 내가 어쩌다 이런 사람과 함께 있지?'
4. 난 당신을 위해 예쁜 옷을 입었는데, 당신은 봐주지도 않아요.
5. 당신은 내가 뭘 가장 원하는지 전혀 알고 싶어하지 않아요.

6과 일기예보 天气预报

해석 및 정답

정월대보름 일기예보
元宵节的天气预报

    시청자 여러분 안녕하십니까? 오늘의 일기예보를 시청해 주셔서 감사합니다. 오늘은 정월 15일 대보름입니다. 우리 시의 낮 시간대 날씨는 맑았으며, 태양이 얼굴을 내밀기도 했습니다. 낮 기온이 다소 회복되었는데, 지역 기온이 16도 정도였습니다. 정월대보름은 우리 나라의 전통절기이며, 새해의 첫 번째 보름날이어서, '단원절'이라고도 합니다. 오늘은 위엔샤오를 먹고, 꽃등을 보고, 밝은 달을 보는 등의 풍속이 있습니다. 그러나 오늘 저녁은 구름이 많아서, 보름달을 보는 것은 약간 어렵겠습니다. 그러나 집 문을 나서면 꽃등을 보실 수는 있습니다. 저녁에 우리 시의 적지 않은 곳에서 모두 꽃등을 걸어 올렸습니다. 밖으로 나가서 구경해 보시는 것도 분명 나쁘지 않은 선택이 될 것입니다.

    그럼, 다시 내일과 모레의 날씨를 상세하게 보시겠습니다. 오늘 저녁 구름이 많다가 흐려질 것으로 예상되며, 내일은 흐린 가운데 소나기나 천둥을 동반한 비가 내리고, 강우량이 많겠습니다. 모레는 흐린 가운데 가랑비가 내리겠습니다. 내일 최저기온은 9도, 최고기온은 15도입니다. 세차지수는 4급으로, 세차하기에 적당하지 않습니다. 감기지수는 2급으로, 감기에 조심하시기 바랍니다. 노인과 어린이는 외출하지 않는 것이 가장 좋겠습니다. 끝으로 우리 시 주변 도시의 내일 구체적인 날씨 상황을 보시겠습니다.

체크체크

1. 谢谢（ **收看** ）今天的天气预报。
2. 下雪的时候，不（ **适宜** ）开车。
3. 今天是国庆节，家家都（ **挂** ）起国旗。
4. 他们（ **预计** ）今天太阳（ **露** ）脸。

TEST 1

1. ④
2. ③
3. ④
4. ③
5. ①

TEST 2

1. ① 由于这件事，我们都失望了。
   ② 小雨转雷雨。
   ③ 拿起你的手机来。
   ④ 最好把这件事告诉老师。
   ⑤ 由于昨天下了大雪，因此路上堵车堵得很厉害。

2. c → b → e → a → d

    오늘은 위엔샤오를 먹고, 꽃등을 보고, 밝은 달을 보는 등의 풍속이 있습니다. 그러나 오늘 저녁은 구름이 많아서, 보름달을 보는 것은 약간 어렵겠습니다. 그러나 집 문을 나서면 꽃등을 보실 수는 있습니다. 저녁에 우리 시의 적지 않은 곳에서 모두 꽃등을 걸어 올렸습니다.

3. ① 挂起了花灯。
   ② 不少地方都挂起了花灯。
   ③ 我市不少地方都挂起了花灯。
   ④ 晚上我市不少地方都挂起了花灯。

맛있는 독해 PLUS 생활날씨 **生活天气**

우산 지수 : 우산을 챙기세요
오후에 소나기가 있으니, 만약 외출하신다면, 반드시 우산을 챙기세요.

약속 지수 : 비교적 부적합
날씨가 덥고, 바람이 비교적 강하며, 오후에는 소나기가 있겠습니다. 만약 약속이 있다면, 실내를 선택하세요.

쇼핑 지수 : 비교적 부적합
소나기가 있고, 게다가 날씨가 더워서 쇼핑하기에는 비교적 적합하지 않습니다. 만약 쇼핑을 하신다면, 비에 젖지 않도록 우산을 챙기세요.

7과 영화 电影

해석 및 정답

맛있는 독해

영화 소개 –
〈당산대지진 唐山大地震〉

영화명: 당산대지진 영화 장르: 재난/드라마
감독: 펑샤오강 각본: 쑤ㅇㅇ
특수효과: 필-존스 작곡: 왕ㅇㅇ
제작: 화의형제 주연: 쉬ㅇㅇ 등
조연: 뤼ㅇㅇ 등 특별출연: 천ㅇㅇ 등

스토리:
 1976년 당산, 팡따챵과 아내, 자녀 팡덩과 팡다는 평범하지만 행복하게 살고 있었다. 7월 28일 새벽, 당산에 대지진이 발생하고, 아이들을 구하려다 팡따챵은 죽게 된다. 팡덩과 팡다는 한 콘크리트 덩어리의 양쪽에 깔리게 되고, 어머니는 오로지 한 명만을 선택해서 구할 수 밖에 없었다. 다른 방법이 없자, 어머니는 허약하고 병이 많은 동생 팡다를 선택했고, 누나 팡덩은 어머니가 내린 선택을 듣게 된다.
 지진 후, 어머니는 홀로 아들을 키우며, 굳세게 살아가지만, 팡덩은 기적적으로 살아나서 다른 사람에게 입양되어 완전히 새로운 세계에 들어서게 된다. 모녀 그리고 남매는 이때부터 다른 세계에서 생활하게 된다.
 팡덩은 하루하루 성장했지만, 지진이 그녀에게 가져다 준 아픔을 잊을 수가 없었고, 어머니가 동생을 구하고, 자기를 구하지 않았던 선택을 용서할 수도 없었다. 그리고 어머니 역시 가족을 잃어버린 아픔을 잊을 수가 없었다.
 32년 후 가족들은 다시 만나게 되지만, 그들은 여전히 마음속에 상처를 지니고 있다. 이는 다시 한번 오늘날의 사람들로 하여금 그 당시 참혹했던 재난을 기억하게 한다.
 영화의 결말은 온정으로 가득하여, 사람들로 하여금 마음속으로부터 따뜻함을 느끼도록 하며, 생활에서의 희망을 가져다 준다.

* 당산대지진은 1976년 7월 28일, 중국 당산에서 발생한 리히터 규모 7.8의 대지진이며, 242,769명이 사망했다.

체크체크

1. 这都是我的错, 请你（ 原谅 ）我！
2. 地震（ 造成 ）了很大的损失。
3. 她母亲一个人（ 养大 ）了三个孩子。
4. 我（ 失去 ）了这次机会。

TEST 1

1. ②
2. ④
3. ③
4. ④
5. ①

TEST 2

1. ① 他找到了新的女朋友，而我失恋了。
   ② 这是在中国传下来的故事。
   ③ 朋友们都羡慕她魔鬼般的身材。
   ④ 这是我结婚后存下来的钱。
   ⑤ 我们公司位于上海。

2. e → d → a → c → b

 팡덩과 팡다는 한 콘크리트 덩어리의 양쪽에 깔리게 되고, 어머니는 오로지 한 명만을 선택해서 구할 수 밖에 없었다. 다른 방법이 없자, 어머니는 허약하고 병이 많은 동생 팡다를 선택했고, 누나 팡덩은 어머니가 내린 선택을 듣게 된다. 지진 후, 어머니는 홀로 아들을 키우며, 굳세게 살아가지만, 팡덩은 기적적으로 살아나서 다른 사람에게 입양되어 완전히 새로운 세계에 들어서게 된다.

3. ① 朋友们羡慕。
   ② 朋友们都羡慕她。
   ③ 朋友们都羡慕她的身材。
   ④ 朋友们都羡慕她魔鬼般的身材。

맛있는 독해 PLUS 관람후기 观后感

chunyou333: 이 영화 너무 감동적이에요. 정말 눈물을 주체할 수가 없었어요.
 → **weiting4860**: 저는 처음부터 끝까지 계속 울었어요.
zzzailing: 이 영화 정말 괜찮았어요, 특히 스토리 구성이 좋습니다.
delight11: 이 영화는 내게 당시 사람들의 아픔을 직접 느낄 수 있도록 해주었습니다.
dafangren: 나는 원래 이 영화에서 특수효과를 기대했는데, 오히려 영화 속 이야기에 더 빨려들었어요.
caixin: 이 영화를 보고 나서, 부모님이 생각났고, 부모님께 감사하게 됐어요.

8과 영화 대사 电影的台词

 〈꼭 만나요 不见不散〉의 대사

(리우위엔의 독백)
　리칭, 오랫동안 당신의 소식이 없어서, 당신이 아직도 LA에 있는지, 아직 미국에 있는지도 모르겠소. 1년 전 오늘 나는 파사디나의 옛 성에서 당신을 놓쳤는데, 1년 후 오늘 나는 당신과 꼭 한번 만나고 싶소. 오해는 하지 마시오, 난 단지 당신과 만나 회포를 좀 풀고 싶을 뿐이니까. 반드시 오시오, 난 우리가 헤어진 곳에서 줄곧 당신을 기다릴 거요. 올 때까지 기다리겠소!

리우위엔 : 리칭이오?
리칭 : 뭘 모르는 척해요? 그렇게 내가 보고 싶었다면서, 딱 1년 안 만났다고 날 잊었어요? 이봐요, 당신 어딜 막 더듬어요? 막 더듬고, 당신 눈이 멀었어요?
리우위엔 : 리칭이군요, 역시 와줬군요!
리칭 : 당신 어떻게 된 거예요? 안 보이세요? 리칭이 안 보이세요?
리우위엔 : 아니! 보입니다. 어두운 밤은 나에게 검은 눈을 주었지만, 난 당신이 나를 바라보고 있는 걸 볼 수 있어요. 당신은 마치 유리컵 안의 얼음처럼 투명하군요.
리칭 : 미안해요. 미안해요. 난 당신이 볼 수 없다는 걸 몰랐어요. 당신 어떻게 이렇게 된 거예요? 어떻게 눈이 멀게 된 거예요?
리우위엔 : 사고가 한 번 났었는데, 난 심한 뇌진탕을 당해서 기절했었죠. 깨어나 보니 실명했더군요. 그때 난 굉장히 절망했고, 죽는 것만 못하다고 생각했죠. 난 가족도 연고도 없지만, 그래도 다시 한번 만나고 싶은 사람이 바로 당신이었어요. 당신 야위었군요, 야위었어.
리칭 : 우리 잠시 앉을 곳을 찾아 봐요! 당신과 이야기를 좀 나누게요. 가요! 조심하세요!

중략
(리우위엔은 자기도 모르게 한 미녀가 지나가는 것을 응시한다.)
리칭 : 우리 가죠. 어! 이게 누구 지갑이지?
리우위엔 : 어디? 어디? 어디요? 내가 다시 볼 수 있게 되었어요. 이건 사랑의 힘입니다.

(리칭이 아주 화가 나서 커피숍을 떠난다.)
리우위엔 : 난 정말 당신을 한번 웃겨 주고 싶었어요. 당신 어쩜 낯빛이 그렇게 금방 바꿔나요? 당신 어쩜 유머 감각이 조금도 없어요? 당신이 무슨 손해라도 봤어요? 나도 마음속에 있던 말을 말한 거 아닙니까?
리칭 : 당신한테 마음이 있기나 해요?

 체 크 체 크

1. 你不要（绝望），我们还有机会！
2. 你别（误会），我们只是要帮助你。
3. 那个男孩儿一直（盯）着你。
4. 他遇到（车祸）以后，一直没（醒来）。

 TEST 1

1. ②
2. ②
3. ①
4. ④
5. ③

TEST 2

1. ① 您能否证明她是您的女儿？
② 他不仅仅会说汉语，也会说日语。
③ 你别装傻，我们都知道你多聪明。
④ 他很喜欢你，你别装不知道。
⑤ 你别瞎说，他没有那个意思。

2. c → b → e → a → d

　사고가 한 번 났었는데, 난 심한 뇌진탕을 당해서 기절했었죠. 깨어나 보니 실명했더군요. 그때 난 굉장히 절망했고, 죽는 것만 못하다고 생각했죠. 난 가족도 연고도 없지만, 그래도 다시 한번 만나고 싶은 사람이 바로 당신이었어요.

3. ① 他写完了。
② 他写完了这本书。
③ 他用了一个月就写完了这本书。
④ 他仅仅用了一个月就写完了这本书。

 〈코믹 서유기 大话西游〉의 대사

(지존보의 독백)
　예전에 진정한 사랑이 제 앞에 있었는데, 저는 소중히 여기지 않았습니다. 잃어버린 후에서야 후회했지만 소용 없었습니다. 인간세상에서 이보다 더 괴로운 일은 없습니다. 만약 하늘이 제게 다시 한번 기회를 준다면, 전 그 여인에게 "당신을 사랑해요."라는 세 글자를 말할 겁니다. 만약 이 사랑에 반드시 기한을 덧붙여야 한다면, 전 만년이기를 바랍니다.

9과 스포츠 뉴스 体育新闻

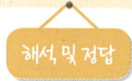

베이징올림픽에서
한국야구팀이 금메달을 획득하다
北京奥运会韩国棒球队获得金牌

한국야구팀이 오늘 올림픽에서 3대2로 세계랭킹 1위의 쿠바팀을 격파하고, 9전 전승으로 금메달을 획득하여, 완벽한 우승을 이루었다.

바르셀로나 올림픽에서 한국팀은 예선에서 탈락했었다. 애틀랜타 올림픽에서는 8강에 진입했으며, 시드니에서는 올림픽 동메달을 획득했으나, 아테네 올림픽에서는 다시 한번 예선에서 일본과 중화 타이베이(대만)에게 져서 탈락했었다. 베이징올림픽의 금메달은 한국 야구가 이미 세계 일류의 팀이 되었다는 것을 증명한다.

한국야구팀은 이전에 쿠바팀과의 경기에서 7전7패로, 모든 사람들이 쿠바팀이 이길 것이 확실하다고 경기 전 예측했었다. 그러나 한국팀은 경기에서 효과적으로 쿠바팀을 제압하였고, 계속되는 안타가 쿠바팀 수비에 아주 큰 압박을 가했다. 쿠바팀은 분명 세계 강팀이었다. 그들은 1회에 두 명이 아웃 된 상황에서, 홈런을 쳤었다. 2대1, 한국팀은 단 1점을 리드하게 되었다.

이후 두 팀이 비록 기회가 있었지만, 모두 그 기회를 잡지 못했다. 7회가 되자, 한국팀은 기회를 잡았다. 두 명이 아웃 된 상황에서 1, 2루에 진루가 이루어졌고, 타자가 외야안타 한 방을 쳐내서, 2루에 있던 선수가 순조롭게 홈까지 돌아와 3대1로 상승세를 탔다.

가장 관건이 된 9회에서, 한국팀은 하마터면 전세가 역전될 뻔했다. 쿠바팀은 한 명이 아웃 되었고, 두 명이 베이스에 있었다. 한국팀의 포수가 판정에 불만이 있어서, 심판과 입씨름을 하였고, 퇴장을 당했다. 다행히 한국팀의 투수는 안정된 모습을 보였고, 쿠바팀의 타자는 모두 아웃 되었다.

체크체크

1. 韩国队 (击败) 了日本队!
2. 她 (实现) 了她小时候的梦想。
3. 他和警察发生了 (口角)。
4. 她向我们 (表明) 了离开公司的决心。

TEST 1

1. ④
2. ③
3. ②
4. ③
5. ①

TEST 2

1. ① 她以她的实力获得了冠军。
   ② 我们学校所有的老师都很年轻。
   ③ 要是被老师发现，我们死定了。
   ④ 你们一定要记住这句话。
   ⑤ 所有的人都有自由意志。

2. c → b → a → e → d

가장 관건이 된 9회에서, 한국팀은 하마터면 전세가 역전될 뻔했다. 쿠바팀은 한 명이 아웃 되었고, 두 명이 베이스에 있었다. 한국팀의 포수가 판정에 불만이 있어서, 심판과 입씨름을 하였고, 퇴장을 당했다. 다행히 한국팀의 투수는 안정된 모습을 보였고, 쿠바팀의 타자는 모두 아웃 되었다.

3. ① 韩国棒球队击败古巴队。
   ② 韩国棒球队今天以3：2击败古巴队。
   ③ 韩国棒球队今天在奥运会中以3：2击败古巴队。
   ④ 韩国棒球队今天在奥运会中以3：2击败世界排名第一的古巴队。

2009-2010년 한국 5대 스포츠 뉴스
2009-2010年韩国五大体育新闻

1. 김연아가 동계올림픽 피겨스케이팅 여자 싱글에서 영예로운 금메달을 획득했다.
2. 한국 야구팀이 월드베이스볼클래식에서 준우승을 차지했다.
3. 한국 축구가 월드컵 16강에 진입했다.
4. 한국이 밴쿠버 동계올림픽에서 6개의 금메달을 획득하여 5위에 올랐다.
5. 양용은이 PGA미국골프투어대회에서 우승한 첫 번째 아시아 남자선수가 되었다.

10과 중국 가요 中国歌曲

'적어도 당신이 있어요
至少还有你'

가수: 린이리엔

난 늙을까 봐 두려워요. 당신을 안고 있을래요.
당신의 주름에 세월의 흔적이 생기는 걸 느낄 때까지,
당신이 진짜라는 것이 확실해질 때까지, 힘을 잃을 때까지,
당신을 위해서라면, 난 원해요.

움직일 수 조차 없을지라도, 당신을 보고 있을래요.
당신의 머리카락에 백설의 흔적이 생기는 걸 느낄 때까지,
시선이 흐리게 변할 때까지, 호흡을 할 수 없을 때까지,
우리 그림자처럼 헤어지지 말아요.

(후렴)
만약 내가 모든 세상을 다 버릴 수 있다 해도,
적어도 내가 귀하게 여길 당신이 있어요.
그리고 당신이 여기에 있는 것이 바로 생명의 기적이에요.

어쩌면 내가 이 세상을 모두 잊어버릴 수 있다 해도,
당신의 소식을 잃게 되는 건 원치 않아요.
당신 손바닥의 점이 어디에 있는지도 난 항상 기억하고 있어요.

우린 간신히 (만났잖아요), 우린 마음대로 할 수 없잖아요.
난 시간이 너무 빠른 게 두려워요. 당신을 자세히 볼 시간이 충분하지 않을까 봐.
난 시간이 너무 느린 게 두려워요. 당신을 잃을까 봐 밤낮 걱정해요.
하룻밤 사이에 백발이 되어 영원히 헤어지지 않기를 바랄게요.

가요 소개:
〈적어도 당신이 있어요〉는 홍콩 가수 린이리엔이 2001년에 발표한 앨범〈林忆莲's〉중에 한 곡으로, 이 곡은 〈애나 앤드 킹〉중국어 버전의 광고음악이기도 하다. 이 노래는 21세기 들어서 가장 유행한 사랑노래 중의 하나이며, 동시에 수많은 여성들이 노래방에서 반드시 예약하는 노래이기도 하다. 가사는 시간으로써 사랑의 가치를 증명한다는 간결하지만 깊은 (내용의) 작품이다. 린이리엔은 최근 20년 이래 가장 대표적인 실력파 여가수 중에 한 명이며, 또한 중국어권 가요계에서 음반을 가장 많이 발표한 가수 중에 한 명이다.

체크 체크

1. 我们每个月（**至少**）爬一次山。
2. 我（**愿意**）跟你一起去旅游。
3. 不要（**放弃**）你的梦想。
4. 我（**好不容易**）用英语（**表达**）了我的意见。

TEST 1

1. ④
2. ②
3. ②
4. ③
5. ①

TEST 2

1. ① 已经来不及告诉他了。
   ② 这本书很有权威，值得一看。
   ③ 他也许会知道这个消息。
   ④ 恨不能立即朝你狂奔去。
   ⑤ 我恨不得早点认识你。

2. e → c → d → b → a

〈적어도 당신이 있어요〉는 홍콩 가수 린이리엔이 2001년에 발표한 앨범〈林忆莲's〉중에 한 곡이다. 이 노래는 21세기 들어서 가장 유행한 사랑노래 중의 하나이며, 동시에 수많은 여성들이 노래방에서 반드시 예약하는 노래이기도 하다. 가사는 시간으로써 사랑의 가치를 증명한다는 간결하지만 깊은 (내용의) 작품이다.

3. ① 很值得。
   ② 很值得去帮助。
   ③ 很值得去帮助贫民。
   ④ 很值得去帮助那些贫民。

(베이징올림픽 주제곡)
'나와 너 我和你'

가수: 리우환 & 사라 브라이트만

나와 너, 마음과 마음이 연결되어, 지구촌에 함께 살고,
꿈을 위해, 천리를 와서, 베이징에 모였네.
어서 오세요! 친구여, 당신의 손을 내밀어요,
나와 너, 마음과 마음이 연결되어, 영원히 한 가족 되네.

11과 편지 书信

 연애편지 情书

사랑하는 아훼에게:

　요즘 잘 지내니? 시간이 정말 빨리 지나가는구나. 우리가 떨어져 있은 지도 이미 1년이 넘었는데, 아직도 네가 너무 그립다. 요즘, 우리 둘의 사진앨범을 펼쳐서 예전에 함께 찍은 사진을 보고 있어. 그 해의 장면이 또다시 하나하나 눈 앞에 떠오른다.
　매번 내가 농구를 할 때마다, 네가 운동장 옆에 서서 나를 보며 미소 짓던 모습, 내 생일 때 네가 몰래 나를 위해 내가 좋아하는 먹거리를 준비했던 일, 매일 저녁 자습 후에 우리가 함께 교정의 오솔길을 걸으며 어릴 적 이야기를 하던 일들을 아직도 기억해. 그땐, 난 매일 저녁 너의 웃는 모습을 생각하며 잠자리에 들었고, 아침에 일어나자 마자 너와 만날 수 있다는 것에 흥분했었지. 그 시간들은 나의 가장 행복한 날들이었기에, 정말 이전에 너와 함께 밥을 먹고, 함께 이야기하던 때로 돌아가고 싶다.
　매번 너의 사진을 볼 때마다, 나의 마음은 마치 커다란 구멍이 난 것처럼 착잡해진다. (지난) 1년 동안 난 여러 번 너를 잊어 보려고 했었지만, 정말 그렇게 할 수가 없었어. 그때 네가 여기를 떠나 유학을 가겠다고 했을 때가 떠오른다. 내 마음은 너무 아팠지만, 말을 끄집어낼 수 없었지. 왜냐하면 네가 미래에 좋은 기회를 포기하고 나를 선택한 것을 후회할까 두려웠기 때문이야. 여러 번 너를 (내 곁에) 남겨두고 싶었지만, 말이 입까지 나왔다가 다시 들어가버렸어. 왜냐하면 난 내 자신에 대해 믿음이 없었고, 미래에 너에게 좋은 삶을 줄 수 없을까 봐 걱정했기 때문이야. 지금 생각해 보니 정말 너무 후회 된다. 헤어진 후에 내가 할 수 있는 거라곤 나 자신이 너를 잊고, 내가 전에 그렇게 너를 사랑했었던 것을 부인하는 거였어. 하지만 사랑하는 아훼야, 난 그럴 수가 없었어. 왜냐하면 난 정말로 널 깊이 사랑하고, 너와 함께 있고 싶기 때문이야. 이렇게 긴 시간이 흘렀지만, 이런 생각은 매일 내 머리 속에 떠올라서, 오늘 결국 용기를 내어 너에게 이 편지를 쓴다. 네가 내 마음을 이해해 줬으면 좋겠어.
　아훼야! 사람은 잃어버린 후에야 비로소 아낄 줄 알게 된다고 하는데, 너를 잃고 나서야 비로소 난 네가 내 삶에서 얼마나 중요한 존재인지 알게 되었어. 난 다시 너를 잃고 싶지 않아! 너는? 너는 여길 떠난 후에, 마음속으론 줄곧 이곳의 일들과 이곳 사람들을 그리워하고 있는 건 아니니? 내가 네 마음속에서 여전히 예전만큼 그렇게 중요하니? 너 아직 날 사랑하니? 답장 기다릴게!
　모든 일이 잘 되길 빈다!

너를 사랑하는 아췐

 체크체크

1. 请大家（翻开）第25页！
2. 他的笑容每天晚上（浮现）在我的眼前。
3. 我真后悔（放弃）了那次机会。
4. 他寄给我了一（封）（情书）。

 TEST 1

1. ②　　2. ③　　3. ①　　4. ①　　5. ④

TEST 2

1. ① 我记得他的名字。
　② 他终于说服了阿惠跟她结婚。
　③ 我懂得了真正的爱是什么！
　④ 她从小就懂得怎样照顾自己和弟弟。
　⑤ 你们遇到的一切问题都会解决的。

2. b → c → a → e → d

　헤어진 후에 내가 할 수 있는 거라곤 나 자신이 너를 잊고, 내가 전에 그렇게 너를 사랑했었던 것을 부인하는 거였어. 하지만 사랑하는 아훼야, 난 그럴 수가 없었어. 왜냐하면 난 정말로 널 깊이 사랑하고, 너와 함께 있고 싶기 때문이야. 이렇게 긴 시간이 흘렀지만, 이런 생각은 매일 내 머리 속에 떠오른다.

3. ① 你做了。
　② 你做了什么?
　③ 去年夏天你做了什么?
　④ 我还记得去年夏天你做了什么。

 연하장 贺年卡

사랑하는 나나에게:

　2010년이 곧 끝나가는구나. 넌 올해 어떤 결실이 있었니?
　새로운 한 해에는, 공부에 한층 더 정진하고, 만사가 뜻대로 되길 빌어!
　우리의 우정이 영원히 변치 않았으면 좋겠다!

너의 영원한 친구 아메이
2010년 12월 30일

12과 성어 고사 成语故事

 초선차전 草船借箭

삼국시대에, 조조는 백만대군을 이끌고 유비를 공격할 준비를 했다. 유비는 피할 길이 없어, 오나라에 조조를 막을 수 있도록 도와달라고 청할 수 밖에 없었고, 오나라는 유비와 동맹을 맺을 것을 약속했다.

당시 오나라의 대도독은 주유였는데, 그는 유비의 책사 제갈량이 주도면밀하고 원대한 계획을 세우는 사람인 것을 알았고, 또한 제갈량의 재능을 굉장히 질투해서, 후환을 남기지 않으려 늘 그를 죽여버릴 이유를 찾으려 했다. 하루는 주유가 제갈량에게 10만 대의 화살을 만들게 했는데, 게다가 10일 이내에 해야 한다고 했다. 제갈량은 "3일 안에 10만 대의 화살을 보내드리죠, 만약 가져오지 못한다면, 처벌을 달게 받겠습니다."라고 통쾌하게 약속했고, 주유는 아주 놀랐다.

제갈량은 20척의 배와 600명의 병사를 빌려, 각 배마다 천으로 덮고, 양 끝에 한 단 한 단씩 건초를 쌓았다. 주유는 이런 상황을 알고 속으로 제갈량이 또다시 무슨 잔꾀를 부리는지 모르겠다고 생각했다. 셋째 날이 되자, 날이 밝기 전에 제갈량은 "지금 화살을 구하러 가겠습니다."라고 말한 후 20척의 배를 긴 밧줄로 연결해서, 곧장 강북으로 배를 저어갔다. 당시 강 위에는 안개가 심해서 맞은 편 사람이 보이지 않았다. 병사들은 속으로 이해가 안 가서, 제갈량에게 어찌 된 일인지 물어 봤다. 제갈량은 단지 웃기만 할 뿐, 대답하지 않았다.

얼마 지나지 않아, 배는 안개가 심한 틈을 타서 조조군의 수상 요새에 접근해갔다. 제갈량은 뱃머리를 동쪽으로, 함미를 서쪽으로 향해서 일자로 늘어놓도록 명령했다. 또 병사들로 하여금 함께 북을 치며 큰 소리로 외치게 했다. 조조는 보고를 듣고, "안개 낀 날에 전투를 하면, 매복이 있을까 걱정이다. 먼저 궁수들로 하여금 그들에게 활을 쏘게 한 뒤, 안개가 걷히고 난 뒤에 다시 진군하게 하라."고 말했다. 그리하여 화살이 빗방울같이 그 20척의 배를 향해 발사됐다.

화살은 정확히 건초 더미에 떨어졌고, 빽빽하게 되었다. 잠시 후에, 제갈량은 뱃머리를 돌려서 다시 서쪽부터 동쪽으로 배치하도록 명령했다. 그래서 다른 한쪽도 화살이 가득 꽂히게 되었다. 태양이 떠오르기 시작하고 나서, 안개도 곧 걷혔다. 제갈량은 병사들에게 배를 출발하도록 명령했고, 또한 "승상의 화살 감사합니다."라고 함께 큰 소리로 외치도록 했다.

그제서야 조조는 속은 것을 알아차리고, 대경실색했지만, 쫓아 가려 해도 이미 늦었다. 20척의 배가 돌아온 후, 배 위의 화살을 세어 보니 모두 10만 대였다. 이때부터 주유는 더욱 제갈량을 질투하게 되었다.

체크 체크

1. 吴军已经（ 靠近 ）了水寨。
2. 韩国和美国（ 结盟 ）了。
3. 他一直（ 怀疑 ）小王偷了他的钱。
4. 我们在（ 抵挡 ）他们的攻击。

 TEST 1

1. ❹   2. ❶   3. ❹   4. ❹   5. ❸

 TEST 2

1. ❶ 她总是这么温柔，大家都喜欢她。
   ❷ 他总把钱存在银行，以免丢失。
   ❸ 他们把箭捆起来了。
   ❹ 哥哥趁着妈妈不在，偷偷地喝酒了。
   ❺ 我们趁着这次假期，去中国旅游吧。

2. a → c → b → e → d

셋째 날이 되자, 날이 밝기 전에 제갈량은 "지금 화살을 구하러 가겠습니다."라고 말한 후 20척의 배를 긴 밧줄로 연결해서, 곧장 강북으로 배를 저어갔다. 당시 강 위에는 안개가 심해서 맞은 편 사람이 보이지 않았다. 병사들은 속으로 이해가 안 가서, 제갈량에게 어찌 된 일인지 물어 봤다. 제갈량은 단지 웃기만 할 뿐, 대답하지 않았다.

3. ❶ 他办手续。
   ❷ 他提前办完手续。
   ❸ 他要提前办完手续。
   ❹ 他要提前办完手续，以免发生麻烦。

 새옹지마 塞翁失马

전국시대에, 한 노인이 말 한 필을 키우고 있었다. 하루는 말을 갑자기 잃어버렸는데도, 그는 찾지도 조급해하지도 않고 오히려 기뻐하기까지 했다. 이웃사람들이 궁금해서 "당신은 말을 잃었는데 왜 상심하지 않고, 오히려 기뻐하나요?"라고 물었다. 노인은 "변방의 노인이 말을 잃은 것이, 좋은 일이 아닌지 어떻게 아나?"라고 말했다. 며칠이 지난 후에 노인의 말이 돌아왔는데, 좋은 말 한 필을 데리고 돌아올 줄 누가 알았겠는가?

13과 성경 이야기 圣经故事

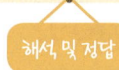

 탕자의 비유
浪子的比喻

어떤 이에게 아들 둘이 있었다. 작은아들이 아버지에게 "아버지, 제가 받아야 할 재산을 저에게 나눠 주십시오."라고 말했다. 아버지는 재산을 두 형제에게 나눠 주었다.

며칠 지나지 않아, 작은아들은 모든 것을 챙겨서, 먼 곳으로 갔고, 거기서 방탕하게 생활하고, 재물을 낭비했다. 그는 모든 것을 탕진하고, 또 심각한 기근을 만나, 곤궁해지기 시작했다. 그래서 그는 현지의 주민에게 빌붙게 되었다. 그 사람은 그를 밭으로 보내 돼지를 치게 했는데, 그는 돼지가 먹는 먹이가 너무나도 먹고 싶었지만, 그에게 먹게 해주는 사람이 없었다.

그는 문득 깨닫고는 말했다. "우리 아버지는 그렇게 많은 일꾼들이 있고, 또 먹을 것이 풍성한데, 내가 설마 여기서 굶어 죽는 것은 아니겠지? 나는 아버지께로 돌아가서 '아버지, 제가 하늘에 죄를 짓고, 아버지께도 죄를 지었습니다. 저는 더 이상 당신의 아들이 될 자격이 없으니, 저를 일꾼으로 삼아 주십시오!'라고 말씀 드려야겠다."

그래서 그는 일어나서 아버지가 있는 곳으로 갔다. 그가 아직 멀리 있는데, 그의 아버지는 그를 보고 불쌍히 여기고서, 달려와 그를 안았다. 아들이 "아버지, 제가 하늘에 죄를 짓고, 아버지께도 죄를 지었습니다. 저는 더 이상 당신의 아들이 될 자격이 없습니다."라고 말했다. 아버지는 오히려 하인에게 "빨리 가장 좋은 옷을 그에게 입히고, 반지를 그의 손에 끼우고, 신을 그의 발에 신겨라. 내 아들은 죽었다가 살아났고, 잃었다가 다시 얻었기 때문이다."라고 분부했다.

이때, 큰아들이 밭에서 돌아와, 집에서 멀지 않은 곳에 있는데, 음악 소리와 춤추는 소리를 듣고, 하인을 불러서 그에게 이게 어찌된 일인지 물었다.

하인은 "당신 동생이 돌아왔습니다. 당신 아버지께서 그가 무사히 돌아와서, 너무 기뻐 그에게 가장 좋은 옷을 입혔습니다."라고 말했다. 큰아들은 굉장히 화가 나서, 들어가려고 하지 않는데, 아버지가 나와서 그에게 들어가자고 권했다.

그는 아버지에게 "보세요, 저는 이렇게 오랫동안 아버지를 섬기면서, 여태껏 아버지의 명령을 어겨본 적이 없습니다. 하지만 아버지는 저에게 제가 친구들과 함께 노래하고 춤출 수 있도록 어떤 좋은 것도 주신 적이 없습니다. 그런데 이 아들(작은아들)은 생활이 방탕해서, 아버지의 재산을 다 써버렸는데도, 그가 돌아오자마자 아버지는 오히려 이렇게 기뻐하시지 않습니까!" 아버지가 그에게 "아들아, 너는 항상 나와 함께 있고, 내 모든 것이 너의 것이란다. 그저 네 동생은 죽었다가 살아났고, 잃었다가 다시 얻었기 때문에, 우리가 마땅히 기뻐해야 하는 것이란다."라고 말했다.

1. 他们把我（ 当作 ）自己的家人。
2. 我（ 不配 ）做你的男朋友，我们分手吧。
3. 不要（ 违背 ）你父亲的意思。
4. 求你（ 怜悯 ）我吧!

 TEST 1

1. ①   2. ①   3. ②   4. ③   5. ④

TEST 2

1. ① 出门的时候，下起雨来了。
   ② 他喝了太多酒，实在醒不过来。
   ③ 难道你也喜欢王老师吗？
   ④ 我从来不抽烟。
   ⑤ 难道你一定要去留学不成？

2. e → a → c → b → d

며칠 지나지 않아, 작은아들은 모든 것을 챙겨서, 먼 곳으로 갔고, 거기서 방탕하게 생활하고, 재물을 낭비했다. 그는 모든 것을 탕진하고, 또 심각한 기근을 만나, 곤궁해지기 시작했다. 그래서 그는 현지의 주민에게 빌붙게 되었다. 그 사람은 그를 밭으로 보내 돼지를 치게 했는데, 그는 돼지가 먹는 먹이가 너무나도 먹고 싶었지만, 그에게 먹게 해주는 사람이 없었다.

3. ① 他没有借。
   ② 他没有借过东西。
   ③ 他没有借过别人的东西。
   ④ 他从来没有借过别人的东西。

 잃어버린 양의 비유
失羊的比喻

예수께서 제자에게 이 비유를 강론하시며 말씀하셨다. "너희들 중에 어느 사람이 양 백 마리가 있는데, (그 중) 한 마리를 잃으면, 아흔아홉 마리를 광야에 놔두고, 그 잃어버린 양을 찾을 때까지 찾아 다니지 않겠느냐? 찾으면 바로 기뻐하며 어깨에 메고 집으로 돌아와, 친구와 이웃을 불러 그들에게 '모두들 나와 함께 기뻐합시다, 제가 잃어버린 양을 찾았기 때문입니다!'라고 말하지 아니하겠느냐? 내가 너희에게 말하노니, 이와 같이 죄인 하나가 회개를 하면, 하늘에서 그로 인한 기쁨이, 아흔아홉 명의 회개할 필요가 없는 의인 때문에 기뻐하는 것보다 더 크니라."

14과 고시 古诗

해석 및 정답

매화 梅花

왕안석 王安石

담 구석에 핀 몇 가지의 매화,
닥쳐온 한파를 무릅쓰고 홀로 피었네.
멀리서도 눈이 아님을 알 수 있네,
은은한 향기 불어 옴에.

작가:
　왕안석(1021-1086), 북송시인이며, 저명한 개혁파 정치가이기도 하다. 그의 작품은 정치, 역사 및 사회현실을 반영하는 작품이 주를 이룬다.

고시의 현대적 해석:
　담 구석에 몇 가지의 매화가 심한 추위를 무릅쓰고 홀로 피었네. 어째서 멀리서 봐도 순결한 매화가 눈이 아닌 것을 알 수 있을까? 그것은 매화가 향기를 이따금씩 은은히 보내오기 때문이다.

　왕안석이 쓴 매화는 순결함이 눈과 같고, 담 구석에서 자랐음에도 불구하고, 조금도 스스로 비하하지 않으며, 맑은 향을 멀리 뿜어낸다. 시인은 매화가 엄동설한을 두려워하지 않는 데 대해 칭송하며, 눈을 이용해 매화의 고상함과 순결함을 비유하며, 또 '은은한 향기'로써 매화가 눈보다 낫다고 지적하며, 굳세고 고귀한 인격은 위대한 매력을 가지고 있다고 설명한다. 작가는 북송시대의 복잡하면서도 어려운 상황 아래 적극적으로 개혁을 했으나, 오히려 지지를 얻지 못하였는데, 그 심리 상태와 처한 상황이 매화와 서로 상통하는 면이 있다. 개혁은 실패했지만, 그래도 반드시 사회 발전에 일정 부분 공헌을 해낼 것이라는 것을 시인은 이미 알고 있었다. 시인은 자신의 행동을 조금도 후회하지 않았으며, 오히려 자부심을 느꼈다.

체크체크

1. 他是一位很（ 著名 ）的科学家。
2. 他的小说（ 反映 ）了现实生活。
3. 谢谢大家对我的（ 支持 ）。
4. 他们（ 指出 ）了学校的问题（ 以及 ）对策。

TEST 1

1. ③
2. ③
3. ②
4. ③
5. ②

TEST 2

1. ① 他冒着生命的危险来保护我们。
　② 我们通过这篇文章更了解了他。
　③ 好习惯远胜于好成绩。
　④ 警察冒着暴风雨来救我们了。
　⑤ 他为我们学校做出了很大的贡献。

2. ① 4
　② 2
　③ 침상 앞에 밝은 달이 비추고, 땅에는 서리가 낀 듯하네.
　　고개를 들어 밝은 달을 보고, 고개를 숙여 고향을 생각하네.

3. ① 做出贡献。
　② 做出一定的贡献。
　③ 为社会的进步做出一定的贡献。
　④ 必会为社会的进步做出一定的贡献。

산중 山中

왕안석 王安石

달을 따라 산을 나섰다가(꿈을 이루려 세상에 나와서),
구름을 찾아 벗하여 돌아왔네(허무함을 느끼며 낙향했네).
봄날 새벽 꽃 위에 이슬이 맺혀(이른 날 이슬같이 스러질 나의 열정은),
향기가 사람들 옷에 묻네(대대로 사람들에게 향기로 남으리).

15과 현대산문 現代散文

아버지의 뒷모습 背影

주자청 朱自清

나는 아버지와 못 만난 지가 2년이 넘었는데, 내가 가장 잊을 수 없는 것은 그의 뒷모습이다. 그 해 겨울, 할머니께서 돌아가시고, 아버지는 일자리도 넘겨 주게 되어, 정말 화가 끊이지 않는 나날이었다. 나는 베이징에서 쉬저우로 와서, 아버지와 함께 집에 돌아가 상을 치를 계획이었다. 쉬저우에 도착해서 아버지를 뵙고, 집안에 온통 널려진 물건들을 보고, 또 할머니 생각이 떠올라, 나도 모르게 눈물이 주르륵 흘러내렸다. 아버지께선 "일이 이미 이렇게 되었으니, 슬퍼할 필요 없다. 다행히 하늘이 무너져도 솟아날 길은 있으니까!"라고 말씀하셨다.

집으로 돌아와 물건을 팔고, 저당을 잡혀서 아버지는 빚을 갚고, 또 돈을 빌려 상을 치렀다. 이 기간 동안, 집안의 형편은 정말 참담했는데, 반은 상을 치르는 것 때문에, 반은 아버지의 실직 때문이었다. 상을 마치고 나서, 아버지는 일자리를 찾으러 난징에 가려고 하셨고, 나는 베이징으로 돌아가 공부를 해야 해서, 우리는 동행을 하게 되었다.

난징에 도착해서는 내가 구경을 가기로 약속한 친구가 있어서, 하루를 머물렀다. 이튿날 오전에 곧바로 강을 건너 푸커우로 가서, 오후에 차를 타고 북으로 갈 것이다. 아버지는 일이 바빠서 본래 나를 배웅하시지 않겠다고 말씀하셨고, 여관의 잘 아는 심부름꾼한테 나와 함께 가라고 했다. 아버지는 재삼 심부름꾼에게 아주 자세히 당부하셨지만, 그러나 결국 심부름꾼이 적당하지 않을까 봐 마음이 놓이지 않으셨는지, 잠시 아주 주저하셨다. 사실 나는 그 해에 이미 스무 살이었고, 베이징도 이미 두세 번 왕래해 봐서, 그리 대단할 것이 없었다. 아버지는 잠시 주저하시더니, 결국 직접 나와 함께 가시기로 결정하셨다. 나는 두세 번 아버지께 그러실 필요가 없다고 권했지만, 아버지는 "괜찮다. 그들이 가는 건 좋지 않겠어!"라고 말씀하셨다.

우리는 강을 건너서 역에 도착했다. 나는 표를 사고, 아버지는 바삐 짐을 살펴보셨다. 짐이 너무 많아서, 짐꾼에게 팁을 주고서야 지나갈 수 있었다. 아버지는 다시 바쁘게 그들과 흥정을 하셨다. 나는 당시 정말 영민했는데, 아버지가 하시는 말씀이 그다지 유려하지 않다고 생각되어, 나 자신이 끼어들지 않으면 안 되겠다고 생각했다. 그러나 아버지는 결국 가격을 흥정하셨고, 나를 차까지 배웅하셨다.

아버지는 나에게 차 문쪽에 있는 자리를 골라 주셨고, 나는 아버지가 나에게 만들어 주신 자색 털 외투를 자리에 깔았다. 아버지는 나에게 길 조심하고, 밤에 감기 걸리지 않도록 주의하라고 당부하셨다. 또 심부름꾼에게는 나를 잘 돌봐 달라고 부탁하셨다. 나는 그들은 돈만 알 뿐이라서, 그들에게 부탁하는 것은 괜한 부탁을 하는 것이고, 게다가 이렇게나 나이를 먹은 내가 설마 아직도 자기 몸 하나 건사하지 못할까 봐 걱정하는 아버지가 케케묵었다고 속으로 비웃었다. 아, 지금 생각해 보니 그때는 정말 너무 영민했다!

나는 "아버지, 가세요."라고 말씀 드렸는데, 아버지는 차 밖을 바라보시더니, "내가 가서 귤 좀 몇 개 사올 테니, 너는 여기에서 움직이지 말고 있어라."라고 말씀하셨다. 나는 그쪽 플랫폼 울타리 밖에서 손님을 기다리는 몇 명의 장사꾼을 보았다. 그쪽 플랫폼으로 가려면, 철로를 가로질러 가야 했는데, 뛰어내렸다가 다시 기어올라 가야 했다. 아버지는 뚱뚱하셔서, 지나가는데 자연히 힘이 좀 들 것 같았다. 본래 내가 가려고 했지만, 아버지께서 내켜 하지 않으셔서, 어쩔 수 없이 아버지가 가시도록 했다. 나는 아버지께서 검은 천의 모자를 쓰시고, 검은 마고자와 짙푸른 색의 두루마기를 입으시고, 기우뚱거리며 철로변을 걷는 모습을 봤는데, 천천히 몸을 내밀어 내려가는 것이 아직 크게 어려워 보이지는 않았다. 그러나 아버지께서 철로를 가로질러 그쪽 플랫폼에 기어오르시는 것은 그리 쉽지 않았다. 아버지는 두 손으로 위쪽을 잡고, 두 다리를 다시 위쪽으로 오므리셨다. 아버지의 비대한 몸이 왼쪽으로 약간 기울었는데, 아주 노력하시는 모습이 보였다.

이때 나는 아버지의 뒷모습을 보고, 눈물이 아주 빠르게 흘러내렸다. 난 아버지가 보실까 봐, 또 다른 사람이 볼까 봐 걱정돼 급히 눈물을 닦았다. 내가 다시 밖을 보았을 때는 아버지께서 이미 주홍색의 귤을 안고 돌아오시려고 하고 있었다. 철로를 건너실 때, 아버지는 먼저 귤을 땅에다 내려놓고, 자신은 천천히 기어 내려가서, 다시 귤을 품고 걸어오셨다. 이쪽에 오셨을 때는 나는 급히 가서 아버지를 부축해드렸다.

아버지는 나와 함께 기차로 돌아오시자, 귤을 몽땅 내 가죽외투에 넣으셨다. 그리고 옷 위의 진흙을 털어내고, 마음이 아주 편안해지신 것처럼, 잠시 후에 "나는 가볼 테니, 거기 도착하거든 편지해라!"라고 말씀하셨다. 나는 아버지께서 걸어 나가시는 것을 바라보았다. 아버지는 몇 걸음을 가시더니, 고개를 돌려 나를 보시며, "들어가라, 안에 사람이 없잖아."라고 말씀하셨다. 아버지의 뒷모습이 오고 가는 사람들 속으로 섞여들어가, 더 이상 찾을 수 없게 되자, 나는 들어와서 앉았는데, 눈물이 또 나왔다.

최근 몇 년간, 아버지와 나는 모두 동분서주하였으나, 집안 형편은 나날이 예전만 못해졌다. 아버지는 어릴 적에 출가해서 생계를 꾸리며, 홀로 버텨오셨고, 수많은 큰 일을 하셨는데, 노년에 이렇게 형편이 쇠락해질 줄 어찌 알았겠는가? 아버지는 눈에 띄게 상심하셨고, 자연히 감정을 어찌하지 못하셨다. 그래서 감정이 짙게 쌓이면 자연히 밖으로 표출되었는데, 가정의 잡다한 것들이 가끔씩 그의 노여움을 건드렸다. 아버지는 나를 대하시는 것이 예전 같지 않으셨다. 그러나 만나 뵙지 못한 최근 2년 동안, 아버지는 결국 나의 나빴던 점을 잊으시고, 오직 나와 내 아들만 염려하셨다. 내가 베이징에 온 후, 아버지는 편지 한 통을 나에게 쓰셨는데, 편지에서 "내 몸은 편안하다. 단지 팔이 심하게 아파서 수저나 붓을 들기가 아주 불편하구나, 아마 갈 날이 멀지 않은 것 같구나."라고 말씀하셨다. 나는 여기까지 읽고 나서 투명하게 빛나는 눈물 속에서, 또다시 그 비대한, 푸른 두루마기에 검은 마고자를 입은 뒷모습을 보았다. 아! 내가 언제 다시 아버지와 만날 수 있을지 모르겠다!

1925년 10월 베이징에서

체크체크

1. 父母总是（惦记）着自己的孩子。
2. 老师上课的时候，不喜欢孩子们（插嘴）。
3. 他（搀）着老太太上公共汽车。
4. 火车（穿过）了山洞。

1. ❸
2. ❸
3. ❸
4. ❶
5. ❶

1. ❶ 我不禁想起那时的往事。
   ❷ 好在他帮我订车票，要不然我回不了家了。
   ❸ 我还没说完，他便知道我的意思了。
   ❹ 我不喜欢她，可是妈妈非让我跟她结婚不可。
   ❺ 她感冒已经好了，感冒药我白买了。

2. e → a → f → b → d → c

내가 다시 밖을 보았을 때는 아버지께서 이미 주홍색의 귤을 안고 돌아오시려고 하고 있었다. 철로를 건너실 때, 아버지는 먼저 귤을 땅에다 내려놓고, 자신은 천천히 기어내려가서, 다시 귤을 품고 걸어오셨다. 이쪽에 오셨을 때는 나는 급히 가서 아버지를 부축해드렸다. 아버지는 나와 함께 기차로 돌아오시자, 귤을 몽땅 내 가죽외투에 넣으셨다. 그리고 옷 위의 진흙을 털어내고, 마음이 아주 편안해지신 것처럼, 잠시 후에 "나는 가볼 테니, 거기 도착하거든 편지해라!"라고 말씀하셨다. 나는 아버지께서 걸어 나가시는 것을 바라보았다. 아버지는 몇 걸음을 가시더니, 고개를 돌려 나를 보시며, "들어가라, 안에 사람이 없잖아."라고 말씀하셨다. 아버지의 뒷모습이 오고 가는 사람들 속으로 섞여들어가, 더 이상 찾을 수 없게 되자, 나는 들어와서 앉았는데, 눈물이 또 나왔다.

3. ❶ 我担心了。
   ❷ 我担心那么多了。
   ❸ 我白担心那么多了。
   ❹ 我这几天白担心那么多了。

 '별 차이 없는' 선생 전
差不多先生传

호적 胡适

(생략)

差不多 선생은 외모가 당신이나 나와 별 차이가 없다. 그는 한 쌍의 눈을 가졌지만, 아주 분명히 보지는 못하고, 두 귀를 가졌지만, 아주 분명하게 듣지는 못한다. 코와 입이 있지만, 냄새나 맛을 아주 강조하지도 않는다. 그는 머리도 작지 않지만, 그의 기억력은 오히려 그리 뛰어난 편이 아니다. 그의 생각 역시 아주 자세한 것은 아니다. 그는 늘 "모든 일이 별 차이 없으면(대충하면) 되지, 뭐 때문에 그리 뛰어나야 하나?"라고 말한다.

그는 어린 시절, 어머니가 그에게 나가서 갈색 설탕을 사오라고 했는데, 흰 설탕을 사서 돌아왔다. 그의 어머니가 그를 혼냈는데, 그는 고개를 저으며 "갈색 설탕이나 흰 설탕이나 별 차이 없는 거 아니에요?"라고 말했다.

(생략)

맛있는 중국어 기본서 시리즈

독해의 달인이 되는 필독 기본서
재미와 감동, 문화까지 맛있게 독해하자

엄영권 지음 | ❶ 228쪽 · ❷ 224쪽
각 권 값 14,500원(MP3 파일 무료 다운로드)

작문의 달인이 되는 필독 기본서
어법과 문장구조, 어감까지 익혀 거침없이 작문하자

한민이 지음 | 각 권 204쪽 | 각 권 값 13,500원

중국어의 달인이 되는 필독 기본서

어법의 달인이 되는 필독 기본서
중국어 어법 A to Z 빠짐없이 잡는다

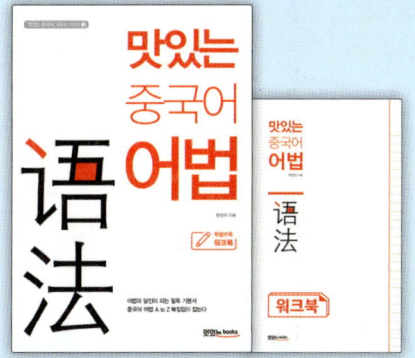

한민이 지음 | 280쪽 | 값 15,000원
(본책+워크북+발음 MP3 파일 무료 다운로드)

듣기의 달인이 되는 필독 기본서
듣기 집중 훈련으로 막힌 귀와 입을 뚫는다

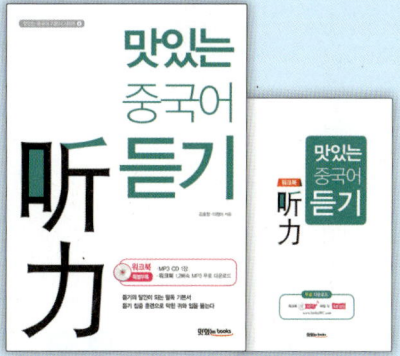

김효정·이정아 지음 | 232쪽 | 값 15,000원
(본책+워크북+MP3 CD 1장 포함)

스피킹 중국어 시리즈

중국어 말하기,
제대로 트레이닝 해보세요!

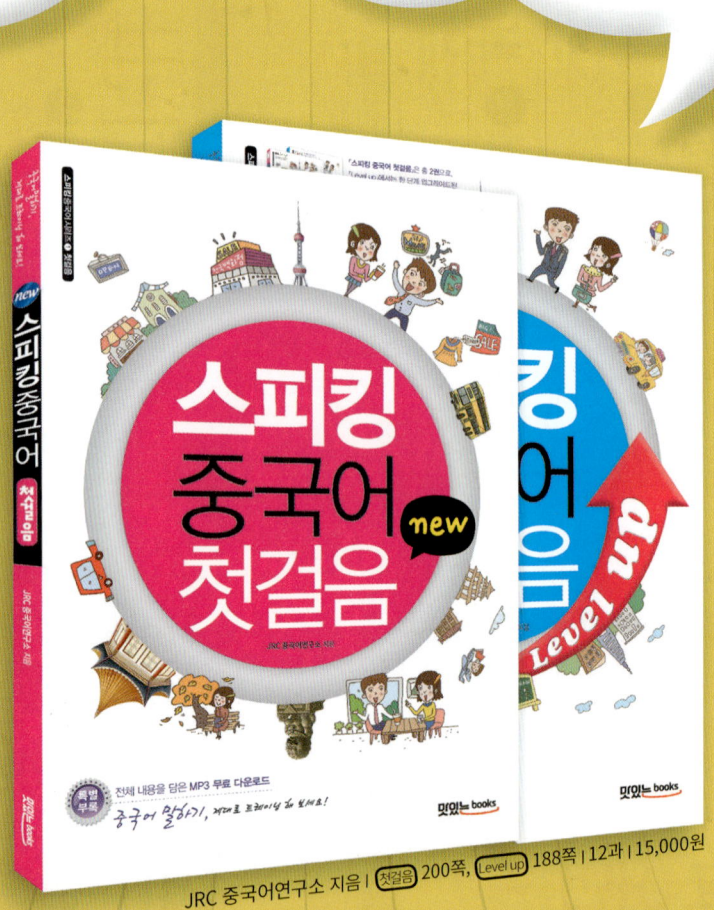

JRC 중국어연구소 지음 | 첫걸음 200쪽, Level up 188쪽 | 12과 | 15,000원

196쪽 | 14과 | 15,000원

200쪽 | 12과 | 15,000원

216쪽 | 12과 | 15,000원

208쪽 | 14과 | 15,000원

(上)176쪽, (下)172쪽 | 8과 | 15,000원

한권으로 합격하기 시리즈

관광통역안내사
중국어 면접 완벽 대비서
50가지 주제만 알면, 이제 난 중국어 가이드!

이은미 지음 | 276쪽 | 19,800원(본책+모의면접 100제+MP3 CD)

최신 기출 문제를 완벽 분석하여 면접 시험에서 출제 가능성이 높은 주제만을 엄선한 중국어 면접 대비서로, 총 10개 파트, 50가지 주제로 구성되어 있습니다.

★ 특징 ① 'step1 사전 탐색하기 ➔ step2 기출 따라잡기 ➔ step3 관통 솔루션 파악하기 ➔ step4 도전! 모의면접'의 체계적인 학습 구성
★ 특징 ② 출제 경향에 딱 맞춘 모의면접 100제 제공
★ 특징 ③ 엄선된 50가지 주제 완벽 학습
★ 특징 ④ 모든 답안의 음성 파일 수록
★ 특징 ⑤ 모의면접 훈련을 통해 면접 시험 완벽 적응 가능

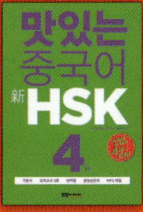

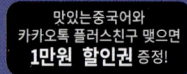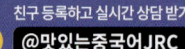